JN022332

津軽伝承料理

発酵、うまみ、プラントベースを駆使した食の知恵

津軽あかつきの会

題字　吉澤秀香

The unique cuisine must be handed down
to further generations.

Fermentation

Plant-based
food

UMAMI

絶滅危惧から脱した
津軽の伝承料理

「伝承料理」とは、地域に伝わる食文化を後世へと伝える〝活動〟のこと。本書ではそのように捉えます。

「郷土料理」とは、地域に根付いた産物を使い、地域独自の調理方法でつくられた固有の料理のこと。それを実際に調理し、味わい、食べさせることによって後世へと伝える活動を「伝承料理」と呼ぶことにします。料理のおいしさやつくり方だけでなく、その料理が育まれてきた背景（たとえば、地理・気候・風習・食材の保存方法や使い方など）も伝えるのが「伝承料理」の役目です。

では、「伝承料理」とはいったいどんな〝活動〟なのか？

一、地域の食のすばらしさに気づく

二、地域の先達に食にまつわる知恵・技術・作法を聞き取り調査し、レシピとして情報化する

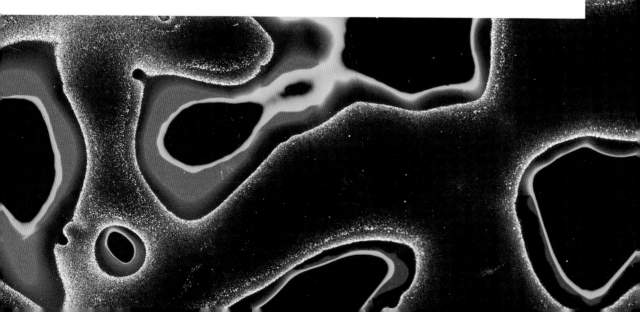

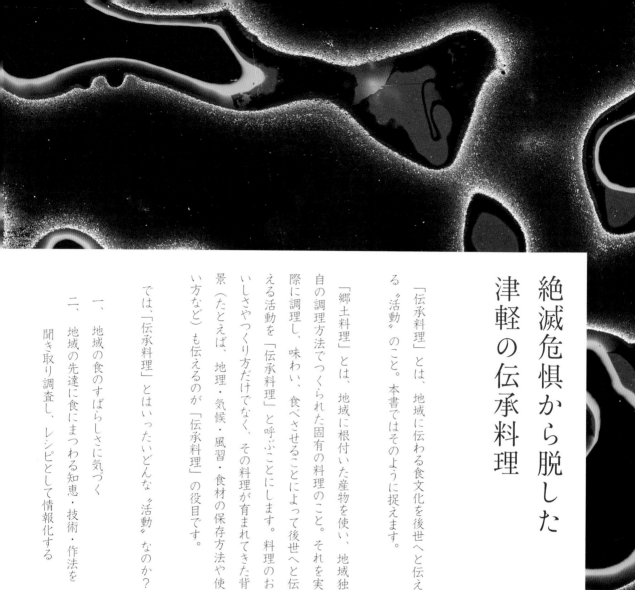

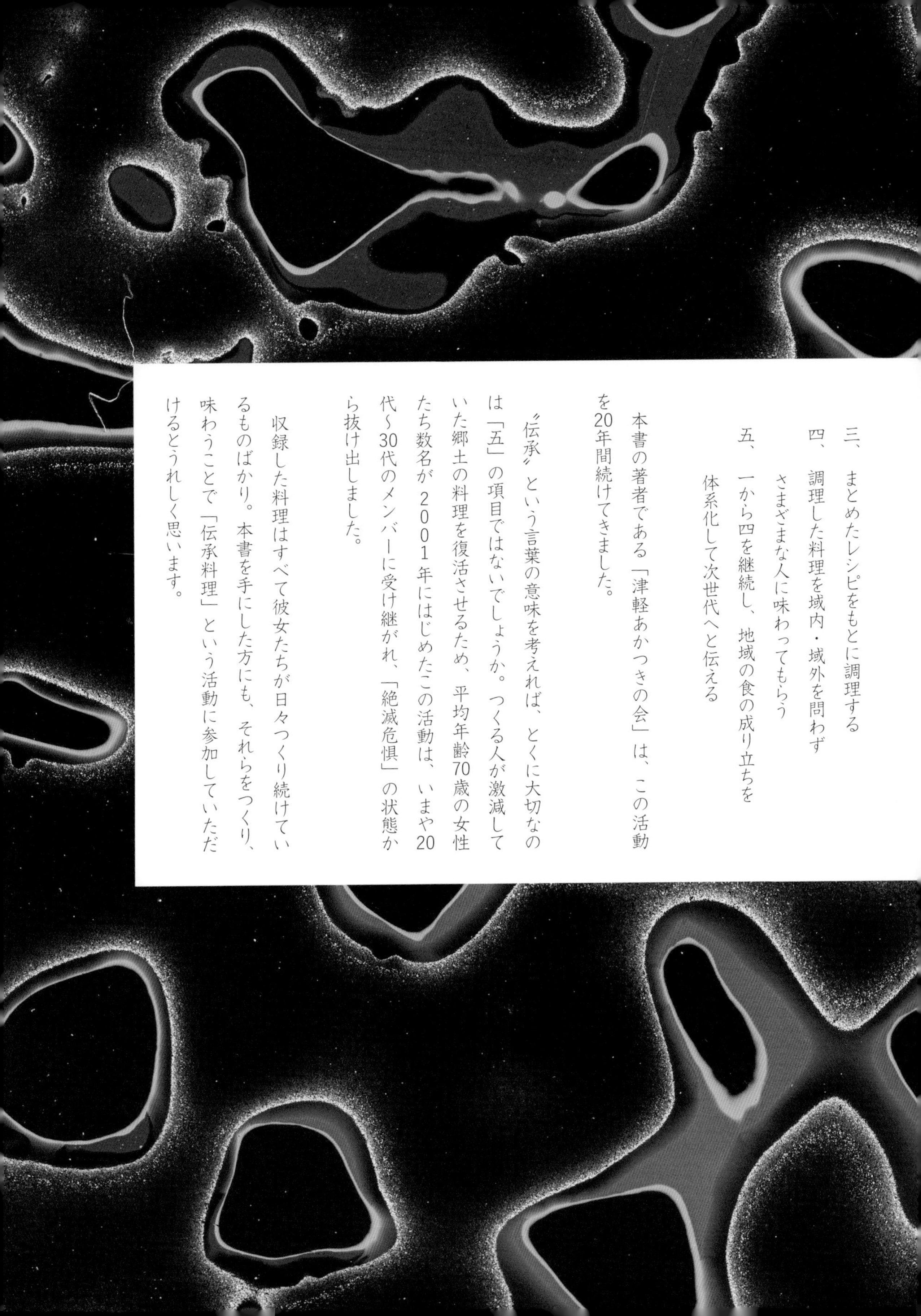

三、まとめたレシピをもとに調理する
四、調理した料理を域内・域外を問わず
　さまざまな人に味わってもらう
五、一から四を継続し、地域の食の成り立ちを
　体系化して次世代へと伝える

本書の著者である「津軽あかつきの会」は、この活動を20年間続けてきました。

〝伝承〟という言葉の意味を考えれば、とくに大切なのは「五」の項目ではないでしょうか。つくる人が激減していた郷土の料理を復活させるため、平均年齢70歳の女性たち数名が２００１年にはじめたこの活動は、いまや20代～30代のメンバーに受け継がれ、「絶滅危惧」の状態から抜け出しました。

収録した料理はすべて彼女たちが日々つくり続けているものばかり。本書を手にした方にも、それらをつくり、味わうことで「伝承料理」という活動に参加していただけるとうれしく思います。

静かにつなぐ

昔の母の料理を食べたいと思ったときに、そのつくり方がわからなかったんです。それは新しい世紀がはじまる少し前のことでした。

私たちが暮らす青森県津軽地方は、冬は豪雪で知られていますが、雪どけから次の雪が降るまでの間は彩り豊かな山・里の恵みで、思いのほか溢れます。自然界が何も生み出さない冬を生き延びるために、春夏秋に手にした産物を加工し、保存し、蓄える。これを毎年繰り返しながら、私たちは暮らしています。先の世代の保存食づくりの知見は、地理や気候といった自然環境に寄り添ったすばらしい文化です。自ら栽培・採取した生産物を大切に保存し、長い冬を通してそれらを味よく調理して春まで命をつないできた、代々の女性たちの食文化を失ってしまうことは大きな損失だと思います。地域の高齢者は私たちの先生であり、大切な暮らしの知恵の宝庫です。

これらの宝を次の世代に引き継いでいきたいという思いで、私たちが伝承料理の掘り起こしに取り組んで26年になり、仲間を募って「津軽あかつきの会」として伝承料理活動をはじめてから20年が過ぎました。私たち津軽あかつきの会も会員の大半が高齢者と呼ばれる年齢になりましたが、嬉しいことにこの数年で30代~40代の仲間が増え、いまでは20代の会員もいます。

幾世代にもわたって引き継がれてきた私たちの地域の伝承料理をできるだけ多くの人にお届けしたい。読者のみなさんが暮らす地域でも、伝承料理という活動が生まれるとうれしい。そのように願っています。本書を紐解いても、わからないことはきっと多くあることでしょう。そんなときはぜひ、津軽あかつきの会へお越しください。書物では伝えられないことを直接お伝えします。年齢も、性別も、国籍も問いません。本州の北の端でみなさまのご来訪を心よりお待ちしています。

最後に、私たちの伝承料理活動を支えてくださったみなさま、本書の出版にご尽力くださったみなさまに、感謝の気持ちをお伝えできれば幸いです。

津軽あかつきの会　会長　工藤良子

目次

【凡例】●料理の「つくり方」に記載している分量や時間などは一応の目安です。必要に応じて調整してください。●使用している「味噌」はP20、「塩」「濃口醤油」「五倍酢」はP23、「だし」はP24を参照してください。●「大さじ1」は15cc、「小さじ1」は5ccです。●コメは150g ＝1合です。●漬物などに使っている「漬け樽」は大きめのプラスチック製です。●漬物などを漬けるときに漬け樽を使用する場合は、内側にビニール袋を広げてその中に食材を入れ、必要に応じて袋の口を結ぶなどします。●漬物をなど漬けるときに「重し」をする場合は、必要に応じて押し蓋を使います。

津軽あかつきの会の20年

「料理を後世に伝える唯一の方法は、つくって、食べること」。余剰作物の有効利用を模索することがきっかけとなり、絶滅しかけた地域の食文化の伝承に邁進してきた「津軽あかつきの会」。その発足当初からの歩みを振り返る。

青森県弘前市を拠点に「伝承料理」活動を続ける「津軽あかつきの会」。２００１年に発足した当初、農業を営む家の女性たち数名だったメンバーは、いまや30人を超え、年齢は20代から80代にまで及ぶ。

津軽あかつきの会という名前は、忙しい農家の女性が集うことのできる唯一の時間帯が早朝だったことに

由来する。いまでは活動時間は朝の家事が終わってから午後3時までと決めており、日々の料理の提供のかたわらで食材の調達や保存食づくりに勤しんでいる。その過程で、経験豊富なメンバーが新しいメンバーに食にまつわるさまざまな知恵を教え、地域に伝わる固有の食文化を今後も長く残していくめどが立った。

彼女たちが伝承しているのは、おそらく数百年も前から津軽地方の内陸部の農家たちがつくり続けてきた料理。地域で受け継がれてきた食材の扱い方や調理の機微に裏打ちされたその料理は、毎週木曜日から日曜日に弘前市郊外の拠点で予約制のランチとして提供されているほか、声がかかれば折り詰め弁当を調製することもある。

会をまとめ、その精神的な支柱にもなっているのは、会長の工藤良子さん（1940〈昭和15〉年生まれ）。1990年代半ばのこと、地区の農産物直売所の立ち上げメンバーのひとりとして、良子さんは余剰作物を安く叩き売りするのではなく、有効活用する方法を模索していた。そのときに思い出したのが津軽地方で昔つくられていた料理だったという。

近隣の農家の女性たちが集まり、いくつかの料理をつくってみたがなかなかうまくいかなかった。しかし「どれもこの土地ならではの料理で、なおかつ健康的なものばかりだ」という気づきもあった。かつて、健康を壊したことで保育士の仕事を辞めた経験を持つ良子さんだから気づけたのかもしれないが、上の世代の人たちはみんな健康だったとあらためて思い至ったのだ。しかもどの料理も津軽地方の〝固有種〟だった。

料理に独特の味わいと意義を与えるのは、その土地の気候風土だと良子さんは考えている。

「私たちが食べているものは津軽の土地と深く結びついています。私たちのような津軽の内陸部の農家にとって、冬の間は何も栽培することができません。そんな時期が数ヵ月も続くわけですから、食べものを保存することがとても大切でした。上の世代の女性たちはその方法を知っていましたが、私たちの世代はほとんどその知識を持っていなかったのです」

決まった時期にたくさんとれる作物を保存する知識、保存食を上手においしく調理する技術、それらの知恵を料理としてかたちにするレシピ。地域にかろうじて残っていた食の知見を集めるために、良子さんたちは、高齢者の家を訪問して聞き取りしたり、公民館の台所を借りて高齢者と一緒に料理したりと、数年間を費やして調査を続けた。

調査する側もされる側も同じ農家、調査は主に農閑期である冬の時間を利用して行ったという。自分たちがつくり続けてきた食べものについては、高齢者の誰もがうれしそうに話してくれたこと、自分の知識を伝えたがっている人が予想以上に多かったこと、中には話が止まらなくなってしまう人もいたことなどが、鮮明に思い出されると良子さんは言う。

このようにして津軽あかつきの会が集めたレシピは、２００以上を数える。会の発足から1年後の２００２年には、ＮＨＫ文化センター弘前教室で津軽の郷土料理を題材にした料理教室をスタート。これがきっかけとなり、会員数が少しずつ増えていった。２００６年には『津軽の伝承料理』と題するレシピ集も出版。これは発売後わずか2ヵ月で完売するほどの人気で、津軽あかつきの会の伝承料理活動に対する世間の関心が高まることになった。

その評判は徐々に広まり、２０１５年ぐらいからは県外からの予約が増えはじめ、台湾・香港・アメリカ・フランス・スイスなど海外からも定期的な訪問を受け入れてきた。２０１９年、津軽あかつきの会は世界中から訪れた７００人を超える来訪客をもてなした。著名な料理人や食のジャーナリストといった料理界のプロも彼女たちが伝えてくれる知恵の数々に一目置く。

とくに２０１０年代半ばあたりを境にして「若い世代や外国人が津軽あかつきの会の伝承料理に関心をしめしてくれるようになったことがうれしい」と良子さん。一度は忘れられかけていた地域の食文化が絶滅危惧の状態を脱し、後世に受け継がれつつあるこの流れを止めたくない。

「見て、つくって、食べること。そうすることで料理を生かし続けることができるのです」。

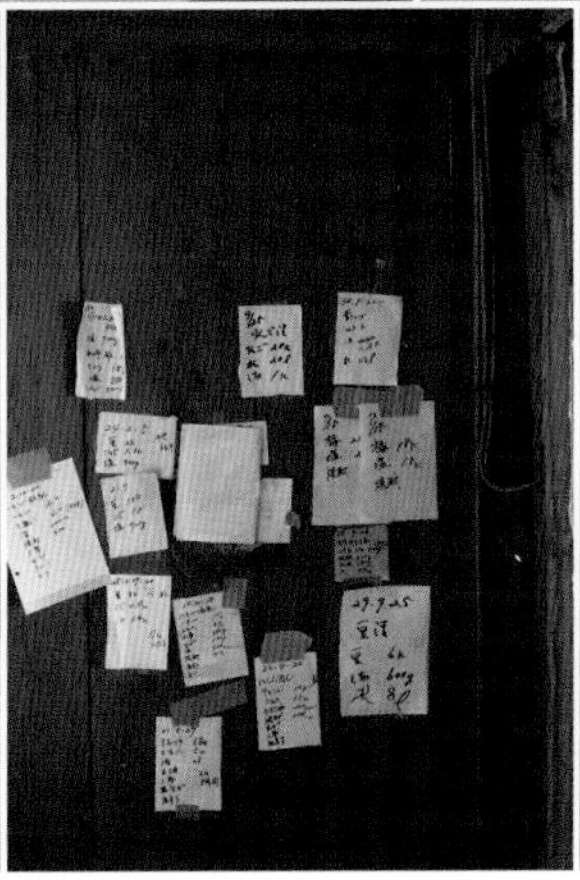

津軽あかつきの会

青森県弘前市で、津軽地方の郷土料理と食文化を伝える「伝承料理」活動をしている女性だけの料理研究ユニット。地域でのヒアリングを軸に津軽地方に伝わる伝承料理をレシピ化しアーカイブ。1食1500円で提供する予約制の食事会を毎週数日開催しているほか、青森県津軽地方の観光コンテンツにもなっている。20代～80代という多様な年齢層からなる会員数は30名（2021年7月現在）。

青森県弘前市石川家岸44-13
0172-49-7002
https://www.facebook.com/tsugaruakatsuki/

津軽伝承料理が世界の最先端に

「津軽あかつきの会」の料理は、内陸部の農家に伝わる家庭の味。主にうまみをとることを目的として魚と貝類（ごくまれにクジラや鶏）が料理に顔を出すが、畑で栽培する野菜や豆、山で採取する山菜やキノコなどが軸となる菜食中心の食材構成だ。

植物由来の食材が中心なので、豪雪で食材が乏しくなる冬季に備えるために、食材を長期間保存する知恵が生まれた。塩蔵や乾燥、そして発酵という技術を使い、保存後には生鮮品とは異なるおいしさを引き出せるような保存食づくりの情報が受け継がれている。

とくに、発酵過程でアミノ酸が生まれる発酵食品は、食事にうまみを加えるという役割も担っている。津軽あかつきの会では、主に煮干しと昆布から引き出す混合だしでうまみを補っているが、多用な微生物が息づく土づくりを実践することで、鮮度のよい野菜からもうまみを引き出し、キノコのうまみも巧みに活用している。

菜食中心の食材構成、発酵に代表される保存の知恵、随所からうまみを引き出す姿勢。それらはいま、世界中の料理人たちの興味・関心を集めている。

うまみ

UMAMI

発酵

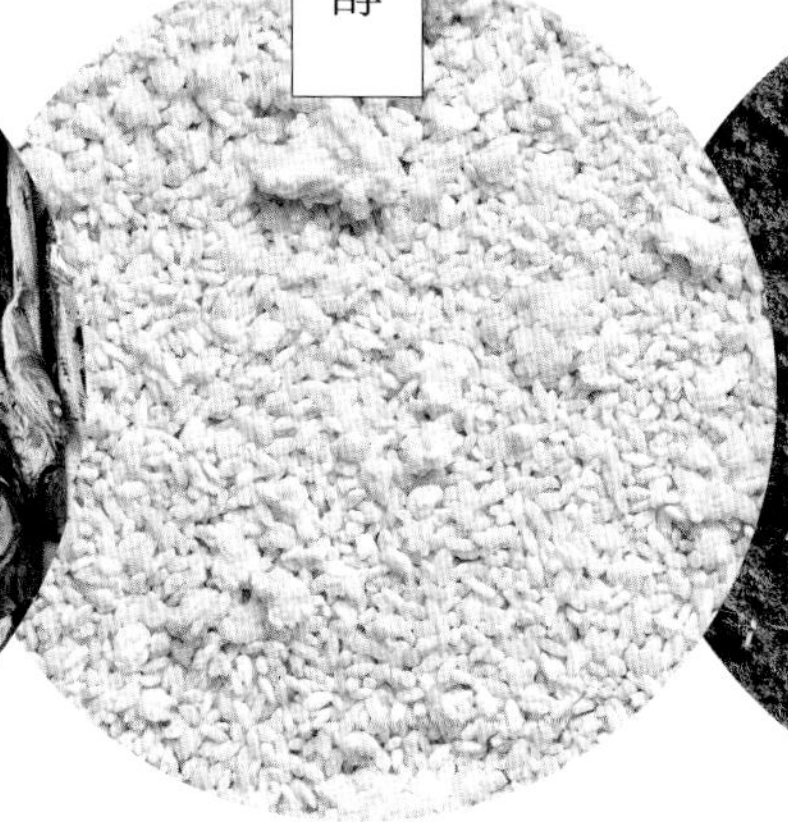

Fermentation

菜食中心

Plant-based

Fermentation

発酵

２０１０年代に入り「発酵」という概念が西洋料理の世界で新しい価値として認識されはじめた。たとえば、北欧の伝統的な食材や調理法を斬新な視点で活用したニュー・ノルディック・キュイジーヌを牽引してきたデンマークのレストラン「ノーマ」。シェフのレネ・レゼピ氏が、発酵の歴史や仕組み、日本の麹や味噌といった世界の発酵食品を使った１００以上のレシピをまとめた『ノーマの発酵ガイド』を２０１８年に出版したことは記憶に新しい。

本州の最北端であるにもかかわらず対馬海流（暖流）の影響で稲作が盛んであったことと、藩制時代に北前船によって上方《かみがた》の諸文化が絶えず流入してきたことに起因して、津軽地方にはコメや米麹を漬け床にした飯《い》ずしをつくる習慣が古くからある。「津軽あかつきの会」も、ニシン・ハタハタ・ホッケ・サケ、そして山菜など、飯ずしのバリエーションが豊かだ。

UMAMI

うまみ

化学者、池田菊苗《きくなえ》によって1907年に発見された「うま味」。後の研究によって人間の舌にうまみ成分を感じとる受容体が存在することがわかり、甘味・塩味・酸味・苦味に続く第5の味として認められ、「ＵＭＡＭＩ」は世界の共通語になった。いまやこの概念を外して料理を語ることができないのは周知のとおりだ。

津軽地方の料理では、主に煮干しと昆布の混合だしによってうまみを補う。そしてそれに加えて、「津軽あかつきの会」では野菜・キノコ・自家製の発酵食品など、料理に使用する食材が持つうまみも活用する点が特徴的。良質な土で育った鮮度のよい野菜からであれば、十分にうまみを引き出せるというのが持論だ。

この数年、ＵＭＡＭＩに着目する欧米のシェフ・料理人が増えている。それを鑑みると、津軽あかつきの会のうまみ使いには、きっと多くの学びがあるだろう。

Plant-based

菜食中心

　植物性の食材・食品を積極的に摂るものの、動物性の食材をまったく食べないわけではない――。そんなプラントベースの概念への関心もまた、2010年代半ばから世界中で高まっている。健康的な食習慣という視点、SDGs（持続可能な開発目標）的な視点、そしてベジタリアン（菜食主義）やヴィーガン（完全菜食主義）と比べた取り付きやすさなどが要因として挙げられることが多い。

　津軽伝承料理は農家の女性たちによって受け継がれてきた料理のため、自家栽培した野菜・豆類と、山で採取した山菜・キノコが食材の中心だ。動物性の食材としては一部に海産物が使われるほか、例外としてクジラや鶏の肉を使うが、牛・豚などの畜産物や動物性の油脂は使わない。結果的に菜食中心の食材構成のまま受け継がれてきた津軽伝承料理は、プラントベースの考え方を数百年間実践してきたことになる。

冬は豪雪 夏は温暖

津軽伝承料理を育んだ、地理と気候。

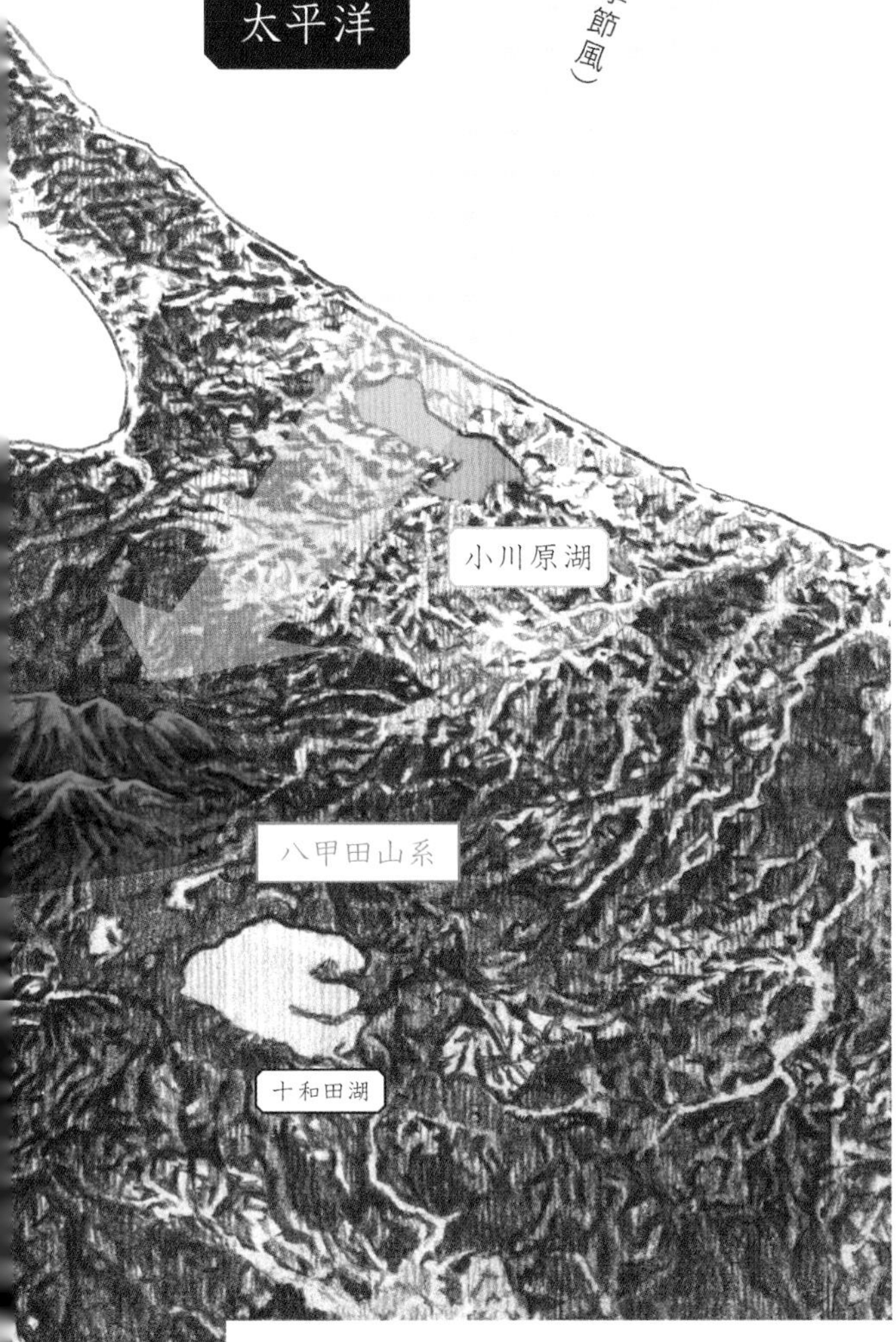

青森県ならではの地理と気候を紐解くと、津軽地方の食文化の成り立ちを理解しやすくなる。

青森県には「海が4つある」といわれる。東西に太平洋と日本海、北に津軽海峡が横たわり、陸奥湾を抱え込んでいる。加えて、下北半島の付け根には小川原湖、津軽半島の日本海側には十三湖《じゅうさんこ》という2つの汽水湖もあり、「海が6つある」ともいえる。

主に津軽地方の食文化に影響を与えている海は日本海だ。ポイントは対馬暖流。はるか南の対馬海峡付近から北上をはじめ、北日本の近海ではおおむね岸と平行した流路を保つ、温度の高い海流だ。冬場に大陸の冷たい空気を運ぶ北西季節風が吹くと、その風より温度が高い日本海から水分が蒸気となって雲となり、八甲田山系にぶつかることで津軽地方に雪を降らせる。津軽平野の南にそびえる白神山地に積もった雪は春になってとけ、一部は日本海へと注いで対馬暖流に養分を注ぎ込み豊かな漁場をつくり、一部は岩木川となって津軽平野の田畑を潤す。

豪雪地帯として知られる津軽地方だが、夏場は一転、対馬暖流の影響もあって比較的気温が高い。同時に、梅雨の時期から夏場にかけて湿った冷気をもたらすオホーツク海から吹き下ろす季節風（ヤマセと呼ばれている）が八甲田山系によって阻まれる。そのため、好天が続く。

津軽地方は、このような気象条件のおかげで、藩政時代から一貫して国内屈指の米どころとして名を馳せた。

春には山の幸を至るところで採取できる。夏はコメが余るほど穫れる（そのため、コメやモチゴメを漬け床にした飯《い》ずしが発達した）。温暖なので春から秋にかけては畑の産物にも恵まれている。しかし、冬は雪に閉ざされ、とくに農家はほぼ何も収穫できない。ゆえに津軽地方の食文化には、ことごとく「冬のために準備する」ことが、まるで〝クセ〟のように随所に顔を出す、というわけだ。

津軽海峡
対馬暖流
陸奥湾
十三湖
青森市
岩木川
日本海
津軽平野
弘前市
津軽あかつきの会
岩木山
白神山地
白神山地から
流入する養分

一年かけて冬に備える

「津軽あかつきの会」がつくる料理は、スーパーマーケットやコンビニエンスストアはもちろんのこと、冷蔵庫もなく、ごく限られた食材しか手に入らなかった時代に、農家の女性たちによってつくられていたものだ。

　使う食材は地元でとれたものが基本。農業を営む会員が多いため、野菜は自ら栽培したものを各自が持ち寄る。山菜とキノコは山仕事が得意な会員が山に分け入り採ってくる。年間を通じて頻繁に使う大豆は、エダマメとして食べるものは自分たちで栽培しているが、味噌をつくる大豆は近隣の農家から買っている。魚介類は地域の農産物直売所などで調達する。

　調達した食材は、一部をそのときに調理するが、大半は保存食として加工する。主な保存方法は、塩蔵・

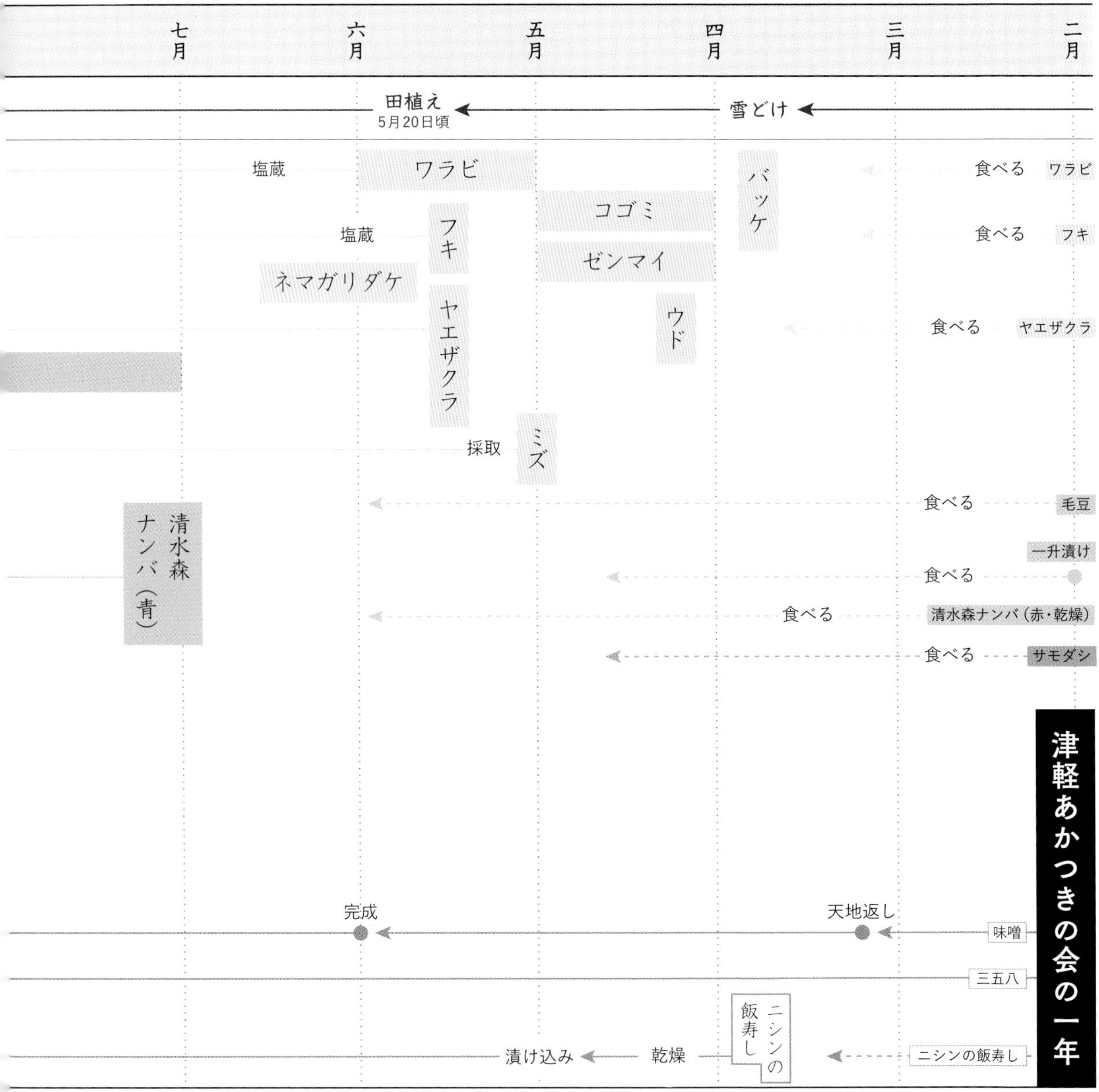

乾燥・発酵の3種で、食材ごとにそれぞれを使い分けるという具合だ。食材を調達し加工するタイミング、保存期間、そして食べる時期を時系列に並べると、津軽あかつきの会の年間スケジュールが見えてくる。

春は山菜、6月から9月は在来種のトウガラシである清水森《しみずもり》ナンバやキュウリ、ナスなどの果菜が中心で、10月にはキノコ、11月頃にダイコンや赤カブなどの根菜が穫れる。どの食材も保存のために加工するが、おもしろいことに、食べる時期はおおむね12月から翌3月に集中していることがわかる。

ポイントになるのは、やはり雪。雪どけから降雪までの春夏秋に、仕事の大半が集中している。すべての仕事は、冬を食べつなぐためにあるといっても過言ではないだろう。

食材名が記載されているポイントが各食材の調達時期。矢印↓は加工のタイミングと保存期間、点線の矢印⇣は食べる時期を表している。

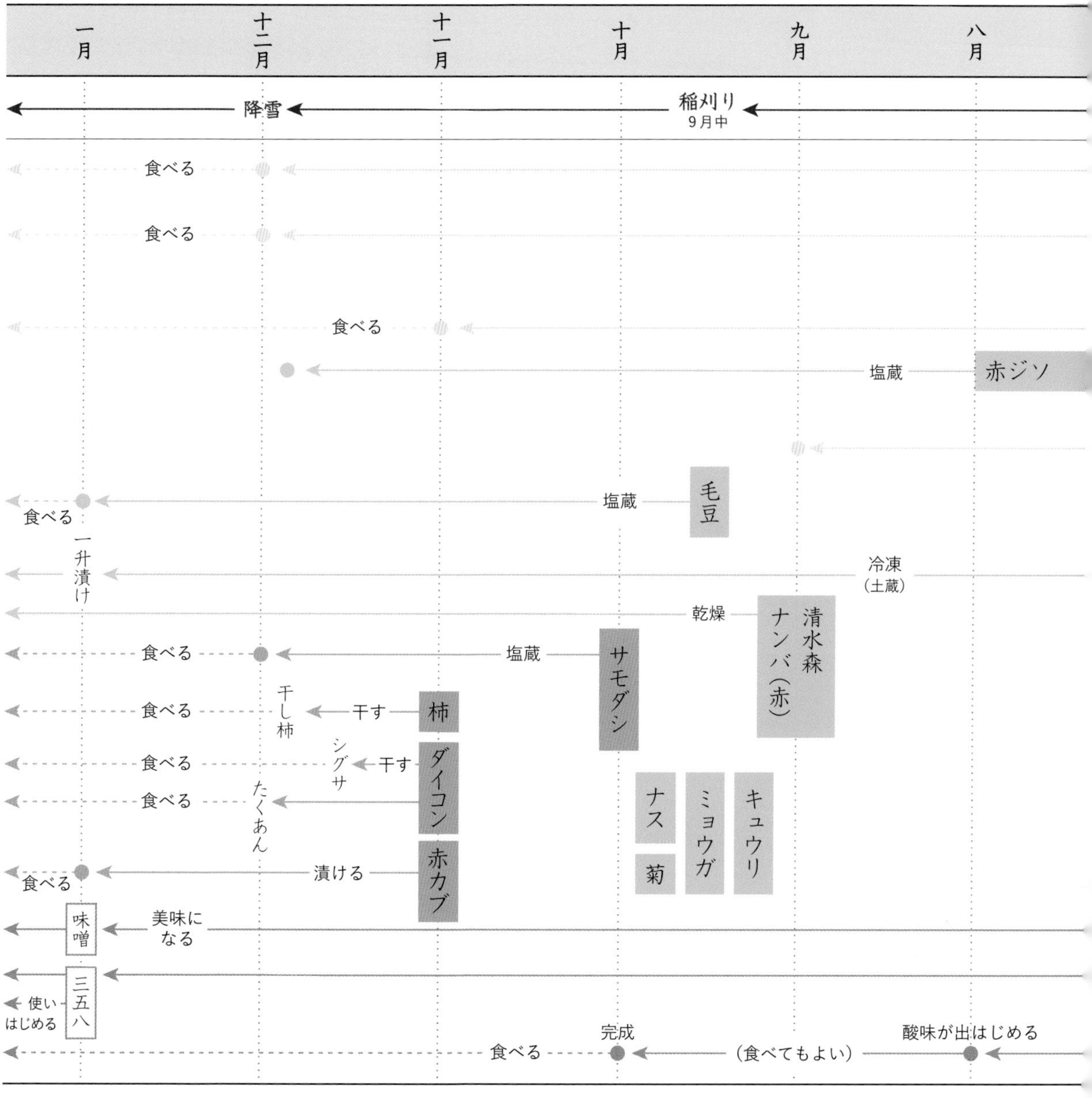

津軽あかつきの会で使う調味料・食材

津軽あかつきの会で自家製している調味料や食材、津軽地方以外の地域では一般的ではない食材、津軽伝承料理に欠かすことのできない山菜などについてまとめた。

調味料

【津軽味噌】

毎年1月下旬～2月上旬のもっとも寒い時期に仕込む。仕込んでから6ヵ月後には食べられ、さらに6ヵ月間寝かせると味わいがまろやかになる。津軽あかつきの会では、仕込んでから2年間寝かせたものを使っている。

【材料】

大豆……1・4kg
米麹……1kg
塩……700g

【つくり方】

❶大豆を水で洗う。ボウルに水を張り、大豆を2～3日間浸水する（水は1日に2～3回換える）。

❷鍋に①の大豆を入れ、大豆から2～3cm上まで水を加え、強火で加熱する。沸騰したら中火にして3～5時間煮て、豆を指でつぶせる程度までやわらかくする（途中でアクをとり除きつつ、指し水をしてひたひたの水量を保つ）。

❸②を大豆と煮汁に分ける。

❹ボウルに③の熱いままの大豆、塩を合わせ、木ベラで混ぜる。

❺④が40～60℃になったら米麹を加え、手でよく混ぜる（以降、手で直接触れる際は清潔なゴム手袋などをする）。

❻すり鉢に⑤を入れ、③の煮汁（適量）を加えながらねっとりするまでする※（耳たぶ程度の硬さまで）。※フード・プロセッサーやミンサーを使ってもよい。

❼⑥を適量とっておにぎり大にまとめ、味噌玉をつくる（⑥の全量を味噌玉にする）。味噌玉を高い位置から叩きつけるようにして漬け樽（内側にビニール袋を広げる）に投げ入れる（空気を抜いて隙間なく詰めることでカビの発生を防ぐため）。

❽⑦の表面を清潔なさらし布で覆い、その上に塩（分量外）を約5mmの層になるようにふる。空気が入らないようにビニール袋の口を結ぶ。重し（3kg）をし、冷暗所で3ヵ月間おく。

❾別の漬け樽（内側にビニール袋を広げる）に⑧を天地を返して移す。⑧と同様に表面をさらし布で覆い、その上に塩（分量外）をふり、ビニール袋の口を結ぶ。重し（3kg）をし、冷暗所でさらに3ヵ月間おく。

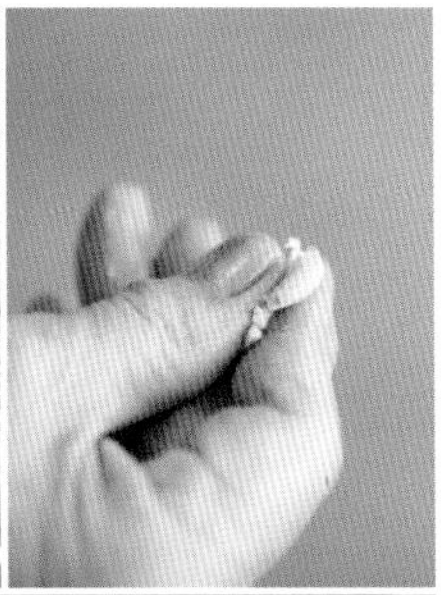

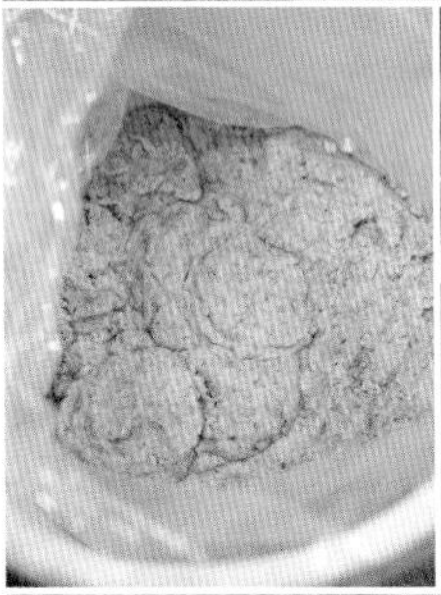

【三五八《さごはち》】

塩＝3、米麹＝5、コメ＝8の割合で配合した東北地方の独特な漬け床。一般的には漬け床に材料を直接漬け込むが、この三五八床は使うぶんをとり出して材料にからめて漬け込む。津軽あかつきの会では、一年のうちでもっとも寒い、毎年1月〜2月の大寒に近い日に仕込む。これはこの時期が雑菌が少ないため。使いはじめるのは約3カ月後の4月から。なお、使いはじめるまでは冷暗所におくが、気温が約5℃を超える3月頃からは冷蔵庫に移す。

【材料】

コメ……8合（1・2kg）
米麹……5合（500g）
塩……3合（450g）

［つくり方］

❶コメを水で洗い、30分間浸水する。
❷炊飯器で①を炊く。
❸ボウルに②、塩を合わせ、木ベラでよく混ぜる。
❹③が40〜60℃になったら米麹を加え、木ベラでよく混ぜる。
❺漬け樽（内側にビニール袋を広げる）に④を入れ、空気が入らないようにビニール袋の口を結ぶ。冷暗所で3カ月間おく（気温が約5℃以上になったら冷蔵庫に移す）。

【一升漬け】

津軽地方の在来種のトウガラシで辛みの弱い「清水森《しみずもり》ナンバ」を、米麹と醤油で漬け込んでつくる調味料。すべての材料を一升ずつ使って仕込んだことからこの名前に。刺身、豆腐、納豆、卵かけご飯などに醤油代わりに使う。

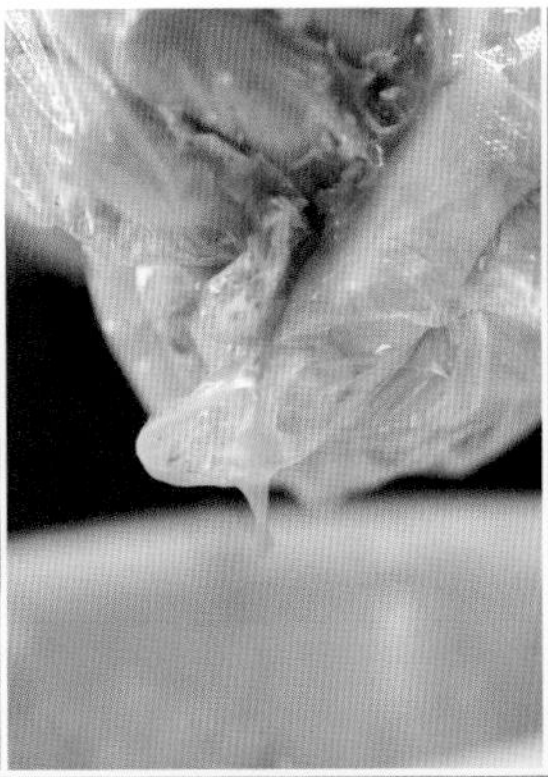

[材料]

清水森ナンバ（※）（青／生）……1升（約1kg）

米麹……1升（625g）

濃口醤油……1升（1・8ℓ）

（※）P27参照。

[つくり方]

❶ 清水森ナンバのヘタを切り落とし、フード・プロセッサーで粗みじん切りにする。

❷ ①の水気を絞り（※）、保存容器（蓋つきの瓶など）に入れる。

❸ ②に米麹、濃口醤油を加え、混ぜてなじませる。蓋をして冷暗所で6カ月〜1年間漬ける。

（※）辛み成分があるため素手では触らず、清潔なゴム手袋などをして絞る

【塩】

調理用の塩は㈱甘塩の「赤穂の天塩」。

【濃口醤油】

醤油は濃口醤油で、津軽味噌醤油㈱の「マルシチ菊印醤油」。

【五倍酢】

国産米を主原料とした穀物酢を5倍に濃縮した、JAの「エーコープ五倍酢（穀物酢）」。

だし・小豆あん

【だし】

地域に伝わるだしのとり方を調査し、カタクチイワシの煮干しと昆布を使う。

[材料]

煮干し（カタクチイワシ）……30g
昆布……5㎝×3㎝
水……1ℓ

[つくり方]

❶ 煮干しの頭と内臓をとり除く。
❷ 鍋に①、昆布、水を合わせ、強火で沸騰させる。沸騰したら弱火にして10分間加熱する。

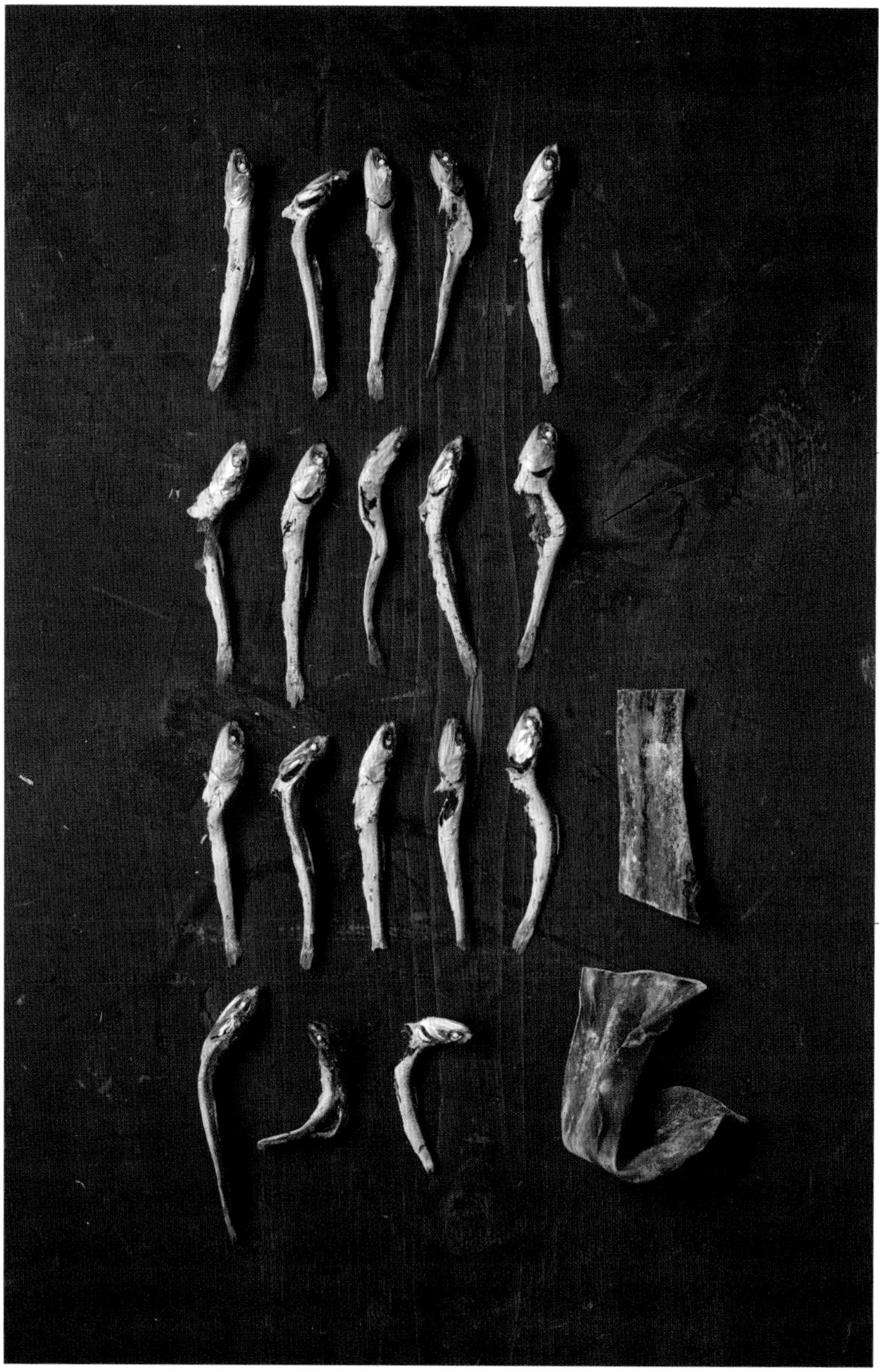

【小豆あん】

煮た小豆に砂糖、塩を加えたら、木ベラで混ぜながら加熱して水分をとばすことが大切。

[材料]

小豆……1kg
水……2ℓ
砂糖……600g
塩……小さじ1

[つくり方]

❶ ボウルに水（分量外）を張り、小豆を一晩浸水する。
❷ 鍋に①、水を合わせ、強火で加熱する。沸騰したら中火にして1時間煮て、豆を指でつぶせる程度までやわらかくする（途中でアクをとり除きつつ、差し水をしてひたひたの水量を保つ）。
❸ ②に砂糖、塩を加え、木ベラで混ぜながら中弱火で2時間炊いて水分をとばす（鍋底に木ベラの跡が残る程度）。

食材

【大鰐《おおわに》温泉もやし】

温泉の街として知られる青森県大鰐《おおわに》町の伝統野菜。豆モヤシとソバモヤシの2種類がある。豆モヤシの特徴は、在来種の大豆「小八豆《こはちまめ》」が原料であること、温泉の地熱を使って土耕栽培すること、栽培・洗浄・仕上げの全工程で水道水をいっさい使わず、温泉水のみを使うことなど。土の香りをほのかに抱いており、独特の味わい。シャキシャキした歯切れのいい食感も持ち味。

【ナラタケ／サモダシ】

東日本で広く親しまれているキノコで、津軽地方ではサモダシ、北東北ではカックイ、ボリ、サワボダシ、関東の多摩地方ではササコなどと呼ばれる。傷みが早いため、軽くゆでてから20～30%の塩分濃度で塩漬けにするか、軽くゆでてから水に浸けた状態で瓶詰めにして保存することが多い。

生のサモダシを使う場合は、まず水で洗って土や虫を落とす。ただしとても砕けやすいため、ていねいに扱う。ボウルに水を張り、サモダシをやさしく押し洗いする。水を何回か換えながら丹念に洗う。

塩蔵の場合は、たっぷりの水に浸けて塩分を若干感じる程度まで塩出しをする。塩分濃度によって異なるが、水を4～5回換え、4～8時間かけて行う。ただし、塩を完全に抜いてしまうとうまみが失われるので注意する。

【シロ】

長さ20㎝ほどに成長したネギの若芽のこと。緑色の部分を食べ、小ネギよりもやや柔らかい。葉ネギで代用できる。

【カド】

ネズミザメのこと。東北地方のほかの地域ではモウカザメとも呼ばれる。また、一部の地域ではアオザメを指すこともある。

【さらしクジラ】

尾羽《おば》（尾ビレ）を、薄くスライスし、熱湯でゆでて冷水にさらしたもの。津軽地方では鮮魚店などで手に入る。

【塩辛昆布】

粘り気の多いガゴメコンブを乾燥させ、粉末状にしたもの。「納豆昆布」とも呼ばれる。津軽地方では、これを水で溶いてだしを加えたものを粘りのある和え衣として使う。

【ダイコンの葉（乾燥）／シグサ】

ダイコンの葉をカラカラになるまで干したもの。ダイコンは漬物にしたり、土中に埋めたりして保存したが、葉は乾燥させて保存した。調理する前に水でもどす。

[下処理]

❶ 鍋にシグサを入れ、水（ひたひたの量）を加える。中火で加熱し、沸騰直前に火を止める。そのまま一晩おく。

❷ シグサに硬さが残っていれば同じ工程を繰り返す（風味はある程度残す）。

【清《し》水森《みずもり》ナンバ】

津軽地方で古くから栽培されている在来種のトウガラシ。弘前藩初代藩主・津軽為信が京都の伏見から持ち帰り、栽培が拡大したのがはじまりとも伝えられている。辛みのもとであるカプサイシンの量が少なく、甘みと豊かな風味が特徴。地域では7～9月に収穫する緑色の実を「青ナンバ」、9～10月に収穫する赤い実を「ナンバ」と呼んで区別する。

【棒ダラ（干しダラ）】

スケソウダラを乾燥させたもの。調理する前に水でもどす。

[下処理]

❶ 棒ダラを長さ4～5㎝の筒切りにする。

❷ 蓋つきの保存容器に①を入れ、水（ひたひたの量）を加えて冷蔵庫に一晩おく。腹の部分の黒い薄皮がついていればとり除く。

【身欠きニシン】

ニシンの干物。津軽あかつきの会では自家製しており、つくり方、下処理（もどし方）は次のとおり。

[材料]（つくりやすい分量）

ニシン……50尾
4％の塩水……10ℓ

[つくり方]

❶ ニシンを三枚におろす。水で洗い、ウロコと血合いをとり除く。

❷ 漬け樽に①、4％の塩水を合わせ、丸一日漬ける。

❸ ②のニシンの水気をきり、軒下などでカラカラになるまで約1カ月間干す。

身欠きニシンの下処理

[材料]

身欠きニシン……5本
水……ひたひたの量
五倍酢……大さじ1（酢大さじ3で代用できる）

[下処理]

❶ バットに水、五倍酢を合わせ、身欠きニシンを20分間浸す。

❷ 身欠きニシンの水気を拭きとる。

山菜

【ウド】

栽培物ではなく、山に自生するいわゆる山ウドを採取して使っている。4月中旬~下旬に採取する。和えものに使う場合などは事前に以下の下処理をする。

［下処理］

❶ウドの皮をむき、使いやすい大きさに切る。

❷ボウルに酢水をつくり、①を2~3分間浸す。

❸鍋に湯を沸かして塩を加え、②を2~3分間ゆでる（歯ごたえが残る程度）。

❹ウドをザルにとり、粗熱をとる。

【コゴミ】

クサソテツのこと。津軽地方では4月中旬の一時期に採取する。アクがないため下処理の必要がなく、調理しやすい。

【ゼンマイ（乾燥）】

ぬるま湯に浸けて、緻密で硬い繊維をほぐしながらもどす。

［下処理］

❶ゼンマイ（乾燥）を約40℃のぬるま湯に浸け、手で揉む。ぬるま湯が常温になるまでおく。

❷①を3回ほど繰り返す。

【タラノメ】

ウコギ科の落葉低木であるタラノキの新芽のこと。独特の芳香がある。津軽地方では4月下旬~5月上旬に採取できる。津軽あかつきの会では天ぷらにして提供することが多い。

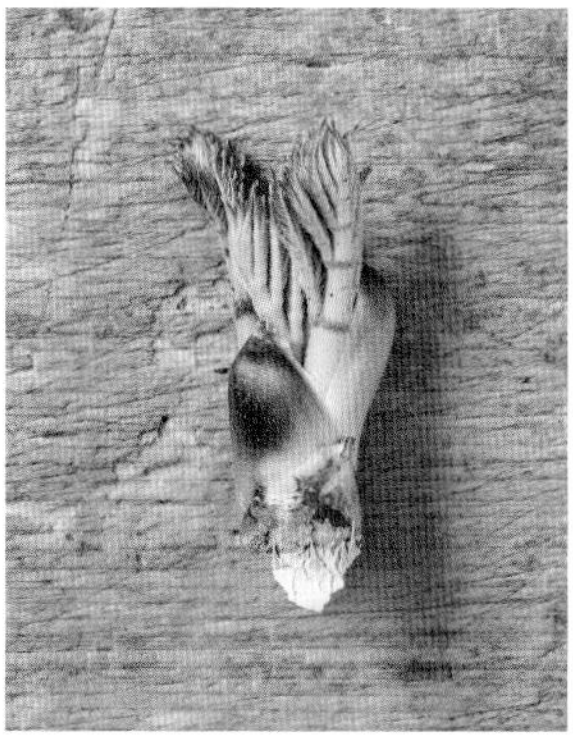

【ネマガリダケ】

大型のササの一種で学名はチシマザサ。一般的なモウソウチクやマチクのタケノコと比べて細い。アクが少ないため、皮をむいてゆでれば食べられる。タケノコ（水煮）で代用できる。

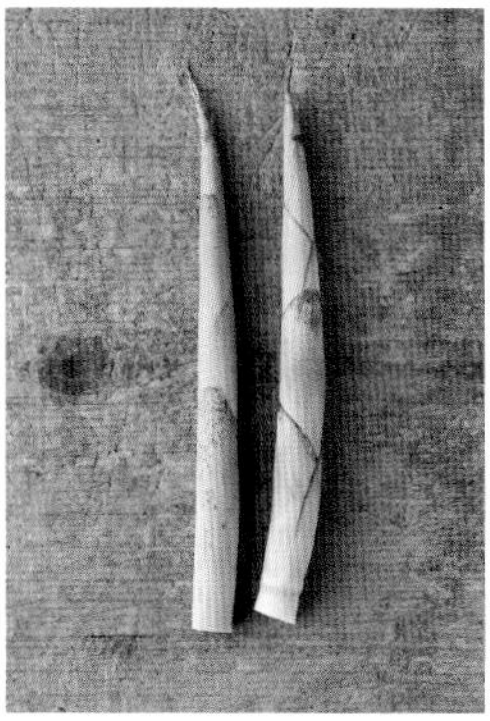

【フキノトウ／バッケ】

津軽地方ではバッケと呼ぶ。3月下旬のまだ雪が残っている頃に雪間から顔を出すものを採取する。油で揚げるとき以外は酢水に浸けてアク抜きする。

【フキノトウの茎／バッケタチ】

バッケタチとは、津軽地方の方言でフキノトウの花が咲いた直後の茎のこと。成長したフキのような硬い筋はないので筋をとり除く必要はないが、調理前にアク抜きをする必要がある。

［下処理］

❶ 鍋にコメの研ぎ汁（ひたひたの量）を沸かし、フキノトウの茎を入れてしんなりするまで中火でゆでる。

❷ フキノトウの茎をザルにとり、水気をきる。ボウルに水を張り、一晩さらしてアクを抜く。

❸ フキノトウの茎をザルにとり、水気をきる。茎の一部に縦に長い切り目を入れて観音開きのように開き、内側の白いワタをかき出す。水で軽く洗い、水気をきる。

【ミズ】

山地の陰湿地を好むイラクサ科ウワバミソウ属の植物。ミズナ、アカミズとも呼ばれ、山菜として親しまれている。北東北では5月下旬頃～9月下旬頃まで採れる。シャキッとした食感のあとにトロッとしたやや粘りのある口あたりがつづく。アクがなく、アク抜きは不要。

【ミズの茎】

イラクサ科ウワバミソウ属の植物の茎の部分。

［下処理］

❶ 茎についている葉の付け根ごと引っ張って皮をむいていく。茎を長さ3～4㎝ごとに折りながら、残った皮をむく。

❷ 鍋に湯を沸かし、①を1～2分間ゆでる（鮮やかな緑色になるまで）。ザルにとり、水気をきる。

【ミズの根】

ミズの根に近い、赤い部分のこと。ヒゲ根をとり除き、土や腐葉土を洗い流してから調理する。強い粘りが特徴で、皮をむいたら生のまま包丁で叩いてからすりつぶし、酢味噌などと合わせるのが津軽地方の一般的な食べ方。

【ワラビ】

津軽地方では5月下旬～6月中旬に採れる。生のワラビは調理前にアクを抜く必要がある。

［下処理］

❶ 鍋に湯を沸かし、木灰を入れてよく混ぜる。ワラビを入れて火を止め、10分間おく。

❷ ワラビがやわらかくなっていたら鍋に水を足して温度を下げ、常温で一晩おく。まだ硬いようなら水を加えずに常温で一晩おく。

❸ ワラビの木灰を洗い流して味をみて、好みの苦みになるまで水に浸けてアクを抜く。

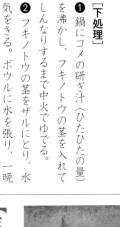

塩蔵品

【フキ（塩蔵）】

ほかの山菜と比べてフキはアクがとくに強いため、塩蔵する場合はフキの重量の20～30％の塩に米ヌカを少量混ぜて漬ける。塩蔵のフキは、調理前に塩抜きをしてから使う。

［下処理］

❶ボウルにフキ（塩蔵）を入れ、水（ひたひたの量）を加える。水を何回か換えながら常温で一晩おく。

❷好みの塩気になるまで水に浸けて塩抜きをする。

【ワラビ（塩蔵）】

短い収穫期に大量に採れるワラビを20～30％の塩分濃度で塩蔵して保存しておき、年間を通して食べる。この知恵は津軽地方だけでなく、ほかの雪国にも共通する。

［下処理］

❶ボウルにワラビ（塩蔵）を入れ、水（ひたひたの量）を加える。水を何回か換えながら常温で一晩おく。

❷好みの塩気になるまで水に浸けて塩抜きをする。

【赤ジソの葉の塩漬け】

梅干しを漬ける際に、塩漬けにした青ウメとともに漬け込んだ赤ジソ。

梅干しの漬け方はP63参照。

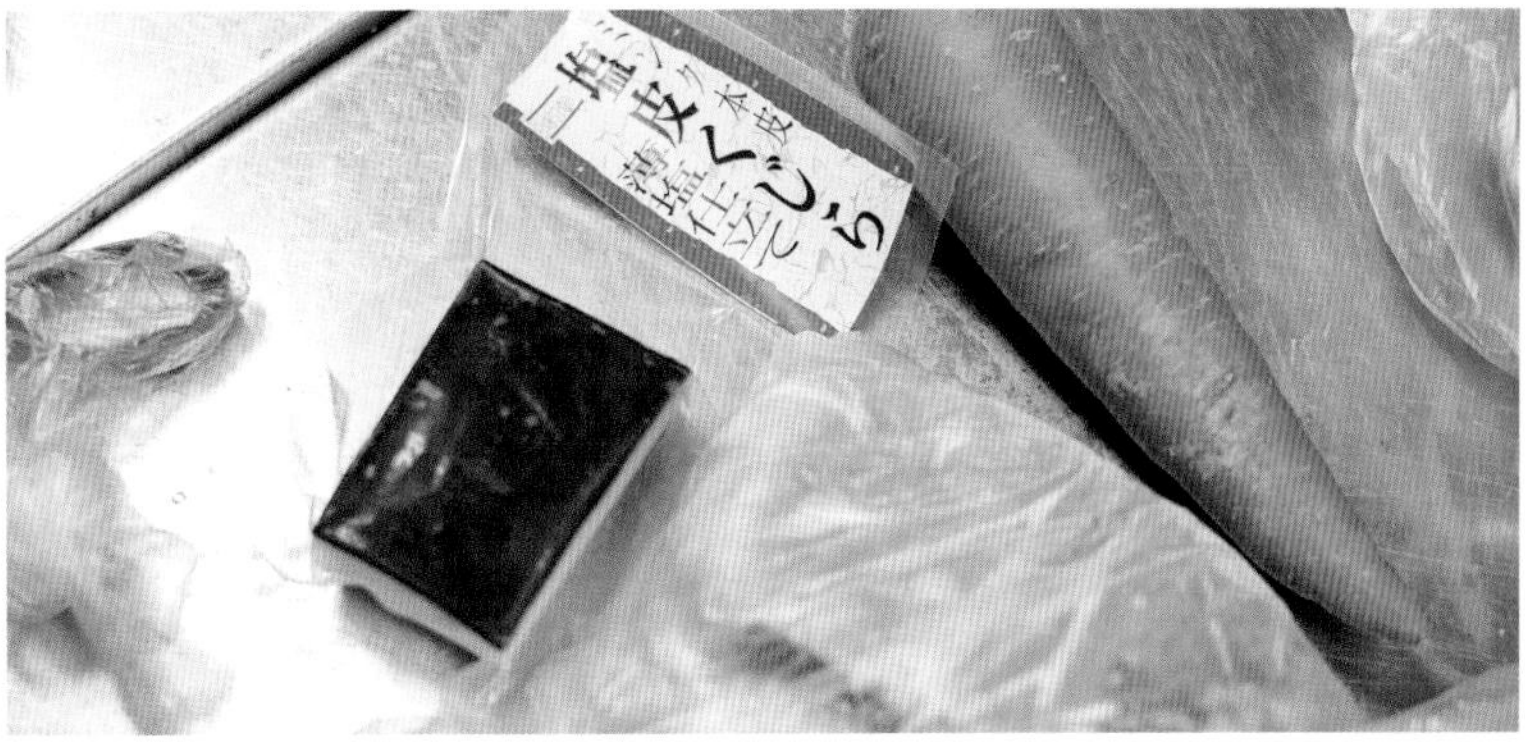

【塩クジラ】

クジラの本皮（皮つきの脂身）の塩漬け。塩分が強い場合は表面の塩を水で洗い流し、10～30分間浸水する。脂分が多い場合は熱湯で1～2分間ゆでて脂を落としてから使う。ただし、ゆですぎると硬くなって縮んでしまうので注意する。

【サクラの花の塩漬け】

六分咲きの頃のヤエザクラの花を摘み、25%の塩分濃度で塩漬けにしたもの。梅酢の代わりにクエン酸を使うと、発色がより鮮やかに仕上がる。ソメイヨシノよりも花の色が濃いのでヤエザクラを使う。

サクラの塩漬け（つくりやすい分量）

[材料]

ヤエザクラの花（六分咲きのもの）……100g

A
- 塩……25g
- クエン酸……5g

[つくり方]

❶ボウルに水を張り、ヤエザクラの花をやさしく押し洗いする。ザルにとり、水気をきる。

❷①、Aを合わせ、瓶（煮沸消毒する）に入れて蓋をする。常温で6ヵ月間おく。

【タカナ（塩蔵）】

津軽あかつきの会では、秋に収穫したタカナを20～40%の塩分濃度で漬けて保存する。調理する前に塩抜きをする。塩蔵時の塩分濃度を高めることで、塩抜きをしたあとの緑色が鮮やかになる。

[下処理]

❶ボウルにタカナ（塩蔵）を入れ、水（ひたひたの量）を加える。水を何回か換えながら常温で2～3日間おく。

❷好みの塩気になるまで水に浸けて塩抜きをする。

【ウド（塩蔵）】

4月上旬の短い時期にしか採れないウドは20～30%の塩分濃度で塩蔵して保存しておき、年間を通して食べる。個体が大ぶりのため、山菜の中では塩抜きにかかる時間が長い。

[下処理]

❶ボウルにウド（塩蔵）を入れ、水（ひたひたの量）を加える。水を何回か換えながら常温で丸一日おく。

❷味をみて、好みの塩気になるまで水に浸けて塩抜きをする。

春

Spring

雪の間からフキノトウが顔を出すのは3月も末に近くなってから。雪どけとともに山ではさまざまな山菜が芽を吹き、ワラビが出る頃には陽射しが力強さを増してくる。摘んできたばかりの山菜は、津軽の人々にとっては久しぶりに口にする生鮮品。手を変えて調理した山の幸で食卓も淡い緑に染まる。一方、山の恵みを塩漬けしたり乾燥させたりと、次に来る冬への備えが早くもはじまる。春は、冬の終わりであり、はじまりでもある。

ばっけ味噌

津軽地方ではフキノトウのことをバッケと呼ぶ（P29参照）。3月下旬、まだ雪が残っている頃に雪間から顔を出すものを採取する。ばっけ味噌は、短い時期にしか採取できないフキノトウを年間を通じて食べつなぐ知恵。

【 材料 】 20人分

フキノトウの下準備

フキノトウ※1 …… 500g

A
- 水 …… 1ℓ
- 酢 …… 100mℓ

仕上げ

リンゴ（すりおろし） …… 700g※2

B
- 味噌 …… 350g
- 酒 …… 15mℓ

濃口醤油 …… 小さじ1

サラダ油 …… 大さじ1

※1　P29参照

※2　砂糖50gで代用できる

【 つくり方 】

フキノトウの下準備

❶ フキノトウを細かくきざむ。

❷ ボウルにAを合わせ、①を30分間浸して（酢水が茶色くなるまで）アクを抜く。

❸ フキノトウをザルにとり、水で軽く洗う。水気をきる。

仕上げ

❶ フライパンにサラダ油を熱し、下準備したフキノトウをしんなりするまで中火で炒める。

❷ Bを加え、混ぜながら中火で炒める。

❸ リンゴを加え、水分がなくなるまで20分間炒める。

❹ 香りづけに濃口醤油をまわし入れ、火を止める（冷蔵で1週間、冷凍で3ヵ月間保存できる）。

ばっけたちの白和え

バッケタチとはフキノトウの茎のこと（P29参照）。フキノトウは3月下旬の雪どけ前後に顔を出すが、4月には茎が10㎝ほどに伸び花を咲かせる。その時期の茎は食感がやわらかく、フキならではの香りもたたえ、おいしい。

【材料】 4人分

フキノトウの茎の下準備

フキノトウの茎（アクを抜く）※1 …… 160g

だし …… 大さじ2

濃口醤油 …… 小さじ1/2

ニンジンのだし煮 10g

（以下はつくりやすい分量）

ニンジン（拍子木切り）…… 200g

だし …… 100㎖

濃口醤油 …… 小さじ1

仕上げ

木綿豆腐 …… 30g

クルミ※2 …… 5g

A
- 味噌 …… 10g
- 酒 …… 小さじ1と1/2
- 五倍酢 …… 小さじ1※3

※1　P29参照

※2　煎りゴマ（白）で代用できる

※3　酢15㎖で代用できる

【つくり方】

フキノトウの茎の下準備

❶ アクを抜いたフキノトウの茎を長さ3㎝に切る。

❷ 鍋に①、だし、濃口醤油を合わせ、強火で1～2分間加熱してひと煮立ちさせて下味をつける。ザルにとり、汁気をきる。

ニンジンのだし煮

❶ 鍋にだしを沸かし、ニンジン、濃口醤油を加えて中火で10分間煮る。

❷ ①をザルにとり、汁気をきる。

仕上げ

❶ 豆腐をペーパータオルで包んで軽く重しをし、20～30分間おいて水気をきる。

❷ クルミを乾煎りする。すり鉢で形がなくなるまでする。Aを加えてすり混ぜる。

❸ ②に①を加え、すり混ぜる。

❹ 下準備したフキノトウとニンジンのだし煮を③で和える。

ばっけたちの くるみ酢味噌和え

「ばっけたちの白和え」（P35参照）と同じく、フキノトウの茎を使った一品。

【材料】 4人分

フキノトウの茎（アクを抜く）※1 …… 150g
だし …… 大さじ2
濃口醤油 …… 小さじ1/2
クルミ …… 10g

A	味噌 …… 15g
	酒 …… 小さじ1
	五倍酢 …… 小さじ1/2 ※2

※1 P29参照
※2 酢15㎖で代用できる

【つくり方】

❶ アクを抜いたフキノトウの茎を長さ3cmに切る。
❷ 鍋に①、だし、濃口醤油を合わせ、強火で1～2分間加熱してひと煮立ちさせて下味をつける。ザルにとり、汁気をきる。
❸ クルミを乾煎りする。すり鉢で形がなくなるまでする。
❹ ③にAを加え、すり混ぜる。
❺ ②を④で和える。

こごみのごま和え

【材料】 4人分

コゴミ※1 …… 600g

煎りゴマ（黒）…… 50g

A
- 濃口醤油 …… 60mℓ
- 酒 …… 小さじ1

※1　P28参照

【つくり方】

❶ 鍋に湯を沸かして塩（少量／分量外）を加え、コゴミを鮮やかな緑色になるまでゆでる。

❷ コゴミをザルにとり、水気をきる。長さ3cmに切り、粗熱をとる。

❸ 煎りゴマをすり鉢で形がなくなるまでする。

❹ ③にAを加え、すり混ぜる。

❺ ②を④で和える。

身欠きニシンと シロの酢味噌和え

シロとは長さ20cmほどに成長したネギの若芽（P26参照）。主に緑色の部分を食べる春先ならではの食材だ。また、津軽あかつきの会では身欠きニシンを水でもどす際には酢水を使う（P27参照）。

【 材料 】

身欠きニシンの下準備

身欠きニシン（もどす）※1 …… 5 本

仕上げ

シロ※2 …… 500g

A	味噌 …… 50g
	酒 …… 小さじ 1
	五倍酢 …… 小さじ 1/2※3

※1　P27 参照
※2　P26 参照
※3　酢 小さじ 2 で代用できる

【 つくり方 】

身欠きニシンの下準備

❶ もどした身欠きニシンを厚さ 3mmに斜め切りにする（腹骨や小骨を断ち切る）。

仕上げ

❶ 鍋に湯を沸かし、シロを 10 秒間ゆでる。ザルにとって水気をきり、長さ 3cmに切る。

❷ すり鉢に A を合わせ、すり混ぜる。

❸ 下準備した身欠きニシン、①を②で和える。

うどと身欠きニシンの煮物

津軽の郷土料理に身欠きニシンがたびたび顔を出すのは、そのうまみを活用するため。１９５０年代まで日本海沿岸ではニシンの漁獲が多く、それを乾燥させた身欠きニシンは保存性と汎用性の高い食材。ウドは冬季は塩蔵（P31参照）を使うが、これもおいしい。

【材料】

ウド（生／アクを抜く）※1 …… 200g
身欠きニシン（もどす）※2 …… 2本
ネマガリダケ※3（皮をむく）…… 4本

A
- だし …… 500mℓ
- 濃口醤油 …… 大さじ1と1/2
- 酒 …… 大さじ1

※1　P28参照
※2　P27参照
※3　P28参照

【つくり方】

❶ アクを抜いたウドを食べやすい大きさに斜め切りにする。
❷ もどした身欠きニシンを食べやすい大きさに切る。ゆでこぼし、下ゆでする。
❸ ネマガリダケの皮をむき、食べやすい大きさに切る。
❹ 鍋に①～③、Aを合わせ、中火で4～5分間煮る。常温まで冷まして味を含ませる。

うどの酢味噌和え

【 材料 】

ウド（生／アクを抜く）※1 …… 200g

A
- 味噌 …… 20g
- 酒 …… 小さじ 1 と 1/2
- 五倍酢 …… 小さじ 1 ※2

一味唐辛子 …… 適量

※1　P28 参照

※2　酢 大さじ 1 で代用できる

【 つくり方 】

❶ アクを抜いたウドを長さ 4cmの短冊切りにする。

❷ すり鉢に A を合わせ、すり混ぜる。

❸ ①を②で和える。

山菜の天ぷら

【材料】 2人分

山菜
　フキノトウ[※1] …… 2個
　タラノメ[※2] …… 2個
　ウド（生）[※3] …… 2個
　コゴミ[※4] …… 2本
　ミズ[※5] …… 2本
　セリ …… 2本
小麦粉 …… 少量
天ぷら粉（市販品）…… 100g
水 …… 160mℓ

※1～5　P28～29参照

【つくり方】

❶ 山菜を水で軽く洗う。水気をよくきる。
❷ 茶漉しなどを使って①に小麦粉をふる。
❸ ボウルに天ぷら粉、水を合わせ、泡立器でダマがなくなるまで混ぜる。
❹ ②の山菜を③にくぐらせ、170～180℃の油で気泡が細かくなるまで揚げる。

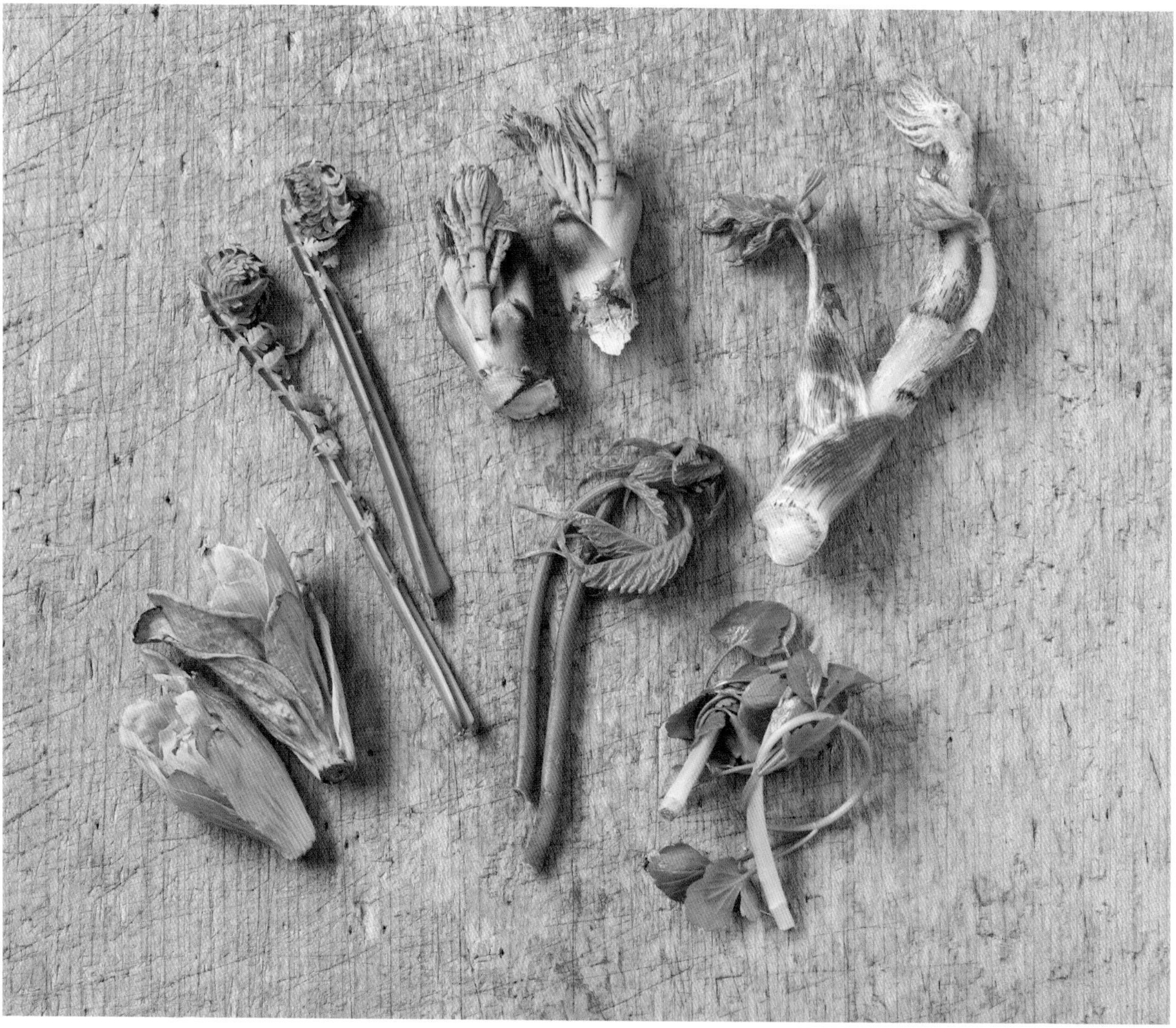

わらびのお浸し

【 材料 】 4人分

ワラビ（生／アクを抜く）[※1] …… 200g

A
- 濃口醤油 …… 40mℓ
- 粉カラシ（ぬるま湯で溶く）…… 5g
- 酒 …… 小さじ 1/2

※1　P29 参照

【 つくり方 】

❶ アクを抜いたワラビを食べやすい長さに切る。

❷ ボウルに①、A を合わせて和える。

野《の》蒜《びる》味噌

【 材料 】

ノビル …… 5 本

味噌 …… 適量

【 つくり方 】

❶ ノビルを水で軽く洗い、根と先端を切り落とす。長さ 10cm に切る。

❷ 味噌を添える。

野蒜《のびる》の卵とじ

【 材料 】

ノビル …… 40g

卵（溶きほぐす）…… 2 個

A
- だし …… 100mℓ
- 味噌 …… 10g
- 酒 …… 小さじ 1

【 つくり方 】

❶ 鍋にノビル、A を合わせ、中火で 2 ～ 3 分間煮る（ノビルが少しやわらかくなる程度）。

❷ 弱火にして卵を流し入れ、火を止めて蓋をする。半熟気味に仕上げる。

えんどう豆ご飯

年に2回収穫できることから、エンドウマメのことを津軽地方では「二度豆」とも呼ぶ。皮が薄く、加熱するとやわらかい食感に仕上がる。コメとともに炊くと、一部の豆が煮崩れて飯粒がほんのりと緑色に染まり、春らしさを添える。

【材料】 4人分

コメ …… 300g
エンドウマメ …… 100g
昆布 …… 3g
A
- 酒 …… 大さじ1
- 濃口醤油 …… 小さじ2
- 塩 …… 2g

水 …… 275mℓ
濃口醤油 …… 少量

【つくり方】

❶ コメを水で洗い、30分間浸水する。
❷ エンドウマメの豆をサヤからとり出す。サヤ4個はとりおく。
❸ 炊飯器に①、②の豆とサヤ、昆布、A、水を合わせて炊く（サヤを入れて炊くと香りと味が増す）。
❹ 炊き上がったらサヤ、昆布をとり出す。香りづけに濃口醤油をまわし入れ、混ぜる。

夏

Summer

田植えが終わると津軽地方には夏がやってくる。ネマガリダケやミズといった夏の山菜、キュウリやナスやササゲなどの夏野菜でいっぱいになる。海から離れた内陸部にも貝類をはじめとした海の幸が届き、赤ジソやミョウガなどの香味野菜も豊富に穫れる。そうした食材でつくられた料理で食卓が埋め尽くされ、お膳がすがすがしい緑色に彩られる。北国にしては思いのほか暑い津軽の夏を乗り切る知恵が、料理の随所に垣間見られる。

みずの水物

ミズとは北東北で広く採取される山菜のこと（P29参照）。和食の用語で「水物《みずもの》」といえば果物、氷菓などを指すが、津軽地方では昆布を浸した塩水に食材を浸けた料理を指す。ホヤやカズノコをともに浸けることもある。

【材料】 4人分

ミズの茎（下ゆでする）※1 …… 100g

漬け汁

昆布（2cm×2mm）…… 8本

ショウガ（せん切り）…… 5g

清水森ナンバ※2（赤／乾燥／小口切り）…… 1/2本

3%の塩水 …… ひたひたの量

※1　P29参照

※2　P27参照

【つくり方】

❶ ボウルに漬け汁の材料を合わせ、軽く混ぜる。

❷ 下ゆでしたミズの茎を①に1～2時間浸す。

❸ 器に②を漬け汁とその材料ごと盛る。

みずの根のたたき酢味噌和え

【材料】 4人分

ミズの根※1 …… 100g

身欠きニシン（もどす）※2 …… 1/2本

酢味噌

サンショウの実※3 …… 1～2粒

A
- 味噌 …… 10g
- 酒 …… 小さじ1
- 五倍酢 …… 小さじ1/2※4

※1　P29参照

※2　P27参照

※3　サンショウの葉1～2枚で代用できる

※4　酢 小さじ1と1/2で代用できる

【つくり方】

❶ ミズの根のヒゲや土をとり除き、水で念入りに洗う。

❷ ①を細かくきざみ、粘りが出るまで包丁で叩く。すり鉢ですりつぶす。

❸ もどした身欠きニシンを厚さ3㎜に斜め切りにする。

❹ ②に酢味噌（後述）を数回に分けて加え、そのつど混ぜる。

❺ ③を④で和える。

酢味噌

❶ すり鉢でサンショウの実をすりつぶす。

❷ Aを加え、さらにすりつぶす。

山菜であるミズの茎（P29参照）は鮮やかな緑色だが、根に近い部分は赤い。とくに土中の根は叩くと強い粘りが出て、津軽地方ではその食感が好まれている。

みずとさらし鯨の辛子和え

ミズは山地の陰湿地を好むウワバミソウの仲間（P29参照）。うまみを補うためにだしや動物性の食材と合わせることが多い。さらしクジラは、尾羽《おば》（尾ビレ）を薄くスライスし熱湯でゆでて冷水にさらしたもの（P26参照）。

【材料】 4人分

ミズの茎※1 …… 140g
さらしクジラ※2 …… 28g

A
- 味噌 …… 12g
- 粉カラシ（ぬるま湯で溶く）…… 4g
- 酒 …… 小さじ 1/2
- 五倍酢 …… 小さじ 1/2※3

※1　P29 参照
※2　P26 参照
※3　酢 小さじ 1 と 1/2 で代用できる

【つくり方】

❶ 鍋に湯を沸かして塩（少量／分量外）を加え、ミズの茎を下ゆでする。
❷ ボウルに A を合わせ、混ぜる。
❸ ①、さらしクジラを②で和える。

みょうがときゅうりのなます

【材料】 4人分

ミョウガ …… 100g

キュウリ（せん切り）…… 150g

食用菊 …… 50g

A ｜ 五倍酢 …… 小さじ 1/2 ※1
　 ｜ 氷 …… 1片

塩 …… 3g

砂糖 …… 5g

五倍酢 …… 小さじ 1 ※2

※1　酢 小さじ 1 と 1/2 で代用できる

※2　酢 大さじ 1 で代用できる

【つくり方】

❶ 鍋に湯を沸かしてミョウガを 10 秒間ゆで、A で和える。せん切りにする。

❷ ボウルにキュウリ、塩を合わせて混ぜる。しんなりしたら水気を軽く絞る。

❸ ボウルに①、②、砂糖を合わせる。

❹ ③に五倍酢を少しずつ加え、混ぜる。必要に応じて塩（分量外）を加え、味をととのえる。

❺ 鍋に湯を沸かし、酢（少量／分量外）を加える。食用菊をさっとくぐらせ、冷水にとる。水気を軽く絞る。

❻ 器に④を盛り、⑤をあしらう。

ニシンの飯《い》寿し

いわゆる飯《い》ずしだが、漬け床のモチゴメは食べずに漬け込んだニシンだけを食べる。ニシンはそのままでも食べられるが、津軽あかつきの会では独特の香りを和らげるために表裏を軽くあぶってから提供している。

【材料】

ニシンの下準備

身欠きニシン[※1] …… 50尾分

A
- 五倍酢 …… 100mℓ[※2]
- 水 …… 5ℓ

漬け込み

モチゴメ …… 400g

水 …… 300mℓ

米麹 …… 200g

B
- ニンジン（せん切り）…… 200g
- ショウガ（せん切り）…… 120g
- 清水森ナンバ[※3]（赤／乾燥／小口切り）…… 5本

塩 …… 80g

酒 …… 200mℓ

笹の葉 …… 30枚

焼酎（甲類／アルコール分35度）…… 少量

※1　P27参照

※2　酢500mℓで代用できる。酢を使う場合は水の分量は4.6ℓ

※3　P27参照

【つくり方】

ニシンの下準備

❶ 身欠きニシンをAに5～6時間浸してもどす。水分をきる。

漬け込み

❶ モチゴメを水で洗い、2～3時間浸水する。

❷ 炊飯器に①、水を合わせて炊く。

❸ ボウルに②を入れ、温度を計りながら冷ます。60℃以下になったら米麹を加え、混ぜる。

❹ 漬け樽に笹の葉を敷き、③を高さ約5mmまで敷き詰める。その上に下準備したニシンをまんべんなくのせ、Bを散らし、塩、酒をふりかける。この工程を繰り返し、何層かに重ねる。

❹ ③の表面を笹の葉で覆い、上から殺菌のために焼酎をふりかける。重し（材料の総重量の3倍以上の重さ）をし、冷暗所で2～3ヵ月間漬ける。

きゅうりの三《さ》五《ご》八《はち》辛子漬け

三五八《さごはち》は塩＝3、米麹＝5、コメ＝8の割合で配合した東北地方の独特な漬け床（P22参照）。一般的に漬け床には材料を直接漬け込むが、三五八床は使うぶんだけをとり出して材料にからめて漬け込む。

【材料】 4人分

キュウリ …… 500g（5～6本）
塩 …… 適量
三五八※1 …… 100g
粉カラシ（ぬるま湯で溶く）…… 15g
※1　P22参照

【つくり方】

❶ キュウリを板ずりし、20分間おく。
❷ ①を水で洗い、水気をきる。
❸ 三五八、粉カラシを合わせて混ぜる。
❹ ②に③をまぶしつけながら漬け樽に入れる。
❺ ④に重し（1kg。表面に水分が上がってきたら500gにする）をして常温に1～2時間おいて発酵を進めた後、冷蔵庫に丸一日おく。

なすの三《さ》五《ご》八《はち》辛子漬け

【材料】 4人分

ナス …… 500g（6～8本）
三五八※1 …… 80g
粉カラシ（ぬるま湯で溶く）…… 15g

A
- 塩 …… 15g
- ミョウバン …… 小さじ1

※1　P22参照

【つくり方】

❶ ナスのヘタをとり、A（混ぜ合わせる）を力を入れずにすり込む。30分間おく。

❷ 三五八、粉カラシを合わせて混ぜる。

❸ ①に③をまぶしつけながら漬け樽に入れる。

❹ ③に重し（1kg。表面に水分が上がってきたら500gにする）をして常温に1～2時間おいて発酵を進めた後、冷蔵庫に丸一日おく。

なすの紫《し》蘇《そ》巻き

津軽地方の夏の日常食。つくりたての温かいままはもちろん、冷蔵庫で一晩寝かせ、冷やして食べてもおいしい。津軽の赤ジソは葉が17㎝ほどと大きいところが特徴で、「着色」「香りづけ」のほかに「包む」という用途でも料理に幅広く活用される。

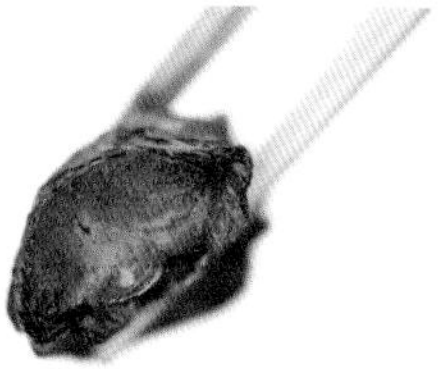

【 材料 】 4人分

ナス（中）…… 2本
清水森ナンバ※1（青／生）…… 1本
赤ジソの葉 …… 8枚
A　味噌 …… 18g
　　酒 …… 小さじ1
　　ゴマ油 …… 1〜2滴
サラダ油 …… 大さじ1

※1　P27参照

【 つくり方 】

❶ ナスのヘタをとり、縦に4等分する。ボウルに水を張り、20〜30分間さらしてアクを抜く。水気をしっかり拭きとる。
❷ 清水森ナンバのヘタをとり、縦に8等分する。
❸ ボウルにAを合わせ、混ぜる。
❹ 赤ジソの葉1枚を広げ、①のナス1片、②の清水森ナンバ1片をのせ、③を適量塗り、棒状に巻く（これを8本つくる）。
❺ フライパンにサラダ油を熱して④を並べ、蓋をして弱火で片面を5分間焼く。表裏を返して同様に3分間焼く。

梅紫《じ》蘇《そ》巻き

梅干しの果肉を、梅干しを漬け込むときに加えた赤ジソの葉で巻いたもの。津軽では「梅干し」といえば、この梅紫蘇巻きのこと。赤ジソで包むのは、「なすの紫蘇巻き」（P62参照）と同じく、風味や色合いを足すため。

【材料】（つくりやすい分量）

青ウメ※1 …… 10kg
赤ジソの葉 …… 300g
塩 …… 1kg

※1　青森県では耐寒性の品種「豊後（ぶんご）」を栽培する歴史が長く、この品種を使う

【つくり方】

梅干し

❶ 青ウメを水で洗い、ヘタをとる。水気を拭きとる。

❷ 漬け樽に①、塩を合わせ、重し(30kg)をして表面に白梅酢が上がるまで約5日間漬ける。

❸ ②からウメをとり出し、3昼夜天日干しにする。白梅酢はとりおく。

❹ ③のウメを③でとりおいた白梅酢（適量）で洗う。

❺ 赤ジソの葉を③でとりおいた白梅酢（適量）をふりかけて揉み、アクを抜く。

❻ 漬け樽に④のウメを入れ、③でとりおいた白梅酢（ひたひたの量）を注ぎ、⑤の赤ジソの葉で覆う。

❼ ⑥に重し（10kg）をし、冷暗所で1年間漬ける。

仕上げ

❶ 梅干し（種をとる）1個を、ともに漬け込んだ赤ジソの葉（赤ジソの葉の塩漬け／P30参照）1枚で包む。上からまな板などをのせ、一晩おいてなじませる。

ささげのでんぶ

ササゲを炒り煮した料理。津軽地方では、醤油で味つけする仕立てを「でんぶ」、味噌で味つけする仕立てを「田《でん》楽《がく》」（P65参照）と呼び分けることが多い。

【 材料 】 4人分

ササゲ …… 250g
ニンジン …… 40g
シラタキ …… 20g
油揚げ …… 1/4 枚
A ｜ だし …… 300mℓ
　｜ 酒 …… 小さじ 2
濃口醤油 …… 小さじ 4 と 1/2
塩 …… 少量

【 つくり方 】

❶ ササゲを長さ 3 〜 4㎝にそぎ切りにする。
❷ ニンジンをせん切りにする。
❸ 鍋に湯を沸かし、シラタキを湯通しする。食べやすい大きさに切る。
❹ 油揚げに熱湯をまわしかけて油抜きをする。幅 5 〜 6㎜の短冊切りにする。
❺ 鍋に①〜④、A を合わせ、ササゲとニンジンがやわらかくなるまで中火で煮る。
❻ ⑤の火を止め、濃口醤油を加えて混ぜる。必要に応じて塩を加え、味をととのえる。

ささげの田楽《でんがく》

【 材料 】 4人分

ササゲ（幅1cmの小口切り）…… 250g
赤ジソの葉（ざく切り）…… 5枚
だし　45mℓ

A ｜ 味噌 …… 50g
　 ｜ 酒 …… 大さじ1

一味唐辛子　適量

【 つくり方 】

❶ 鍋にササゲ、だしを合わせ、汁気が完全になくなるまで中火で煎り煮する。
❷ ①に赤ジソの葉を加え、ひと混ぜする。
❸ ②にAを溶かし入れ、ひと混ぜする。火を止める。

ふきとカドの含め煮

カドとは津軽地方の方言でネズミザメのこと（P26参照）。モウカザメとも呼ばれ、東北地方で広く食べられている。「大鰐温泉もやしと鮫の和え物」（P108参照）などのようにアブラツノザメを使った料理もある。

【材料】 4人分

フキ（塩蔵／塩抜きをする）※1 …… 80g

カド※2（切り身）…… 160g

A
- だし …… 300mℓ
- 濃口醤油 …… 大さじ3
- 酒 …… 小さじ2
- 清水森ナンバ※3（赤／乾燥／小口切り）…… 1/2本

※1　P30参照

※2　P26参照。ホタテ貝柱（生）で代用できる

※3　P27参照

【つくり方】

❶ 塩抜きをしたフキを幅2cmに斜め切りにする。

❷ カドを食べやすい大きさに切る。

❸ 鍋に①、②、Aを合わせ、強火で加熱する。沸騰したら中火にして15～20分間煮る。

❹ カドに竹串がすっと通るようになったら火を止める（カドは加熱しすぎると硬くなるので注意する）。

たけのこ汁

津軽地方でタケノコといえば、ネマガリダケ（P28参照）。モウソウチクやマチクのタケノコと比べて細く、アクが少なく、皮をむいてゆでれば食べられる。

【 材料 】　4人分

ネマガリダケ※1 …… 200g

ワカメ（塩蔵／塩抜きをする）…… 50g

だし …… 800mℓ

味噌 …… 40g

※1　P28 参照

【 つくり方 】

❶ ネマガリダケの皮をむき、食べやすい大きさに切る。

❷ 塩抜きをしたワカメを食べやすい大きさに切る。

❸ 鍋にだしを沸かし、①をやわらかくなるまで煮る。

❹ ③の鍋に②を加え、味噌を溶き入れる。ひと煮立ちさせる。

根曲がり竹ご飯

ネマガリダケ（P28参照）は6月上旬～中旬の短期間に採取でき、その時期は味噌汁や天ぷらをはじめさまざまに調理して味わう。一方で水煮にして冬に備え、保存食材にもする。

【材料】 4人分

コメ …… 300g
水 …… 280㎖
ネマガリダケ※1 …… 100g
油揚げ …… 25g
ニンジン（ささがき） …… 20g
ゴボウ（ささがき） …… 20g

A	塩 …… 4.5g
	濃口醤油 …… 大さじ1
	酒 …… 小さじ1

※1　P28参照

【つくり方】

❶ コメを水で洗い、30分間浸水する。
❷ ネマガリダケの皮をむき、食べやすい大きさに斜め切りにする。
❸ 油揚げに熱湯をまわしかけて油抜きをする。幅3～5㎜の短冊切りにする。
❹ 炊飯器に①～③、ニンジン、ゴボウ、Aを合わせて炊く。

鮭と根曲がり竹の飯《い》寿し

材料を漬け込むための漬け床と漬け込んだ具材をともに味わうタイプの飯《い》ずし。津軽あかつきの会では、新鮮なネマガリダケが穫れる初夏に仕込むが、紅サケの赤とネマガリダケの白の取り合わせが縁起物とされ、年越しや正月に供される「年取り料理」のひとつにも数えられている。

【材料】 10人分

塩紅サケの下準備

塩紅サケ（中）…… 半身

A
- 酒 …… 100mℓ
- 酢 …… 90mℓ

モチゴメの下準備

モチゴメ …… 450g

水 …… 540mℓ

B
- 酒 …… 50mℓ
- 五倍酢 …… 大さじ1※1
- ミリン …… 50mℓ
- 塩 …… 3～6g※2

漬け込み

ネマガリダケ※3（皮をむく）…… 500g

C
- ニンジン（せん切り）…… 1本
- ショウガ（せん切り）…… 100g
- 清水森ナンバ※4（赤／乾燥／小口切り）…… 1本

笹の葉 …… 適量

※1　酢 45mℓで代用できる
※2　紅塩サケの塩加減で調整する
※3　P28 参照
※4　P27 参照

【つくり方】

塩紅サケの下準備

❶ 塩紅サケを皮つきのまま厚さ5mmに薄切りにする。

❷ バットに①を並べ、Aを注ぐ。ラップ紙で覆い、冷蔵庫に一晩おく。

モチゴメの下準備

❶ モチゴメを水で洗い、2～3時間浸水する。

❷ 炊飯器に①、水を合わせて炊く。

❸ ボウルにBを合わせる。

❹ 炊き上がったモチゴメが熱いうちに③を加え、混ぜる。粗熱をとる。

漬け込み

❶ 鍋に湯を沸かし、ネマガリダケを15～20分間ゆでる。ザルにとり、粗熱をとる。長さ7～8cmに切る。

❷ すし枠に笹の葉を敷き、下準備したモチゴメを高さ約5mmまで敷き詰める。その上に下準備した紅塩サケを並べ、Cを散らす。この工程を繰り返し、何層かに重ねる。

❸ ②の表面を笹の葉で覆い、押し蓋をする。重し（2kg）をし、冷蔵庫で2～3日間漬ける。

山菜寿し

初夏に採取する山菜を使う飯ずし。漬け込むことで山菜が甘みを増す。漬け床は一緒に食べてもよい。ほかの飯ずしと比べて漬け込み時間が短いところが特徴だが、発酵の進み具合によって味わいが異なるため、好みの漬け込み時間を見つけるといい。

【材料】 20人分

山菜の下準備

ワラビ（生／アクを抜く）※1 …… 200g

ミズの茎（下ゆでする）※2 …… 200g

フキ（生）…… 400g

ネマガリダケ※3（皮をむく）… 200g

A	五倍酢 …… 120mℓ※4
	ミリン …… 50mℓ
	塩 …… 30g
	水 …… 480mℓ

身欠きニシンの下準備

身欠きニシン（もどす）※5 …… 50g

モチゴメの下準備

モチゴメ …… 300g

水 …… 300mℓ

ミリン …… 100mℓ

漬け込み

B	ショウガ（せん切り）…… 20g
	ニンジン（せん切り）…… 30g
	清水森ナンバ※6（赤／乾燥／小口切り）…… 2本

ミリン …… 100mℓ

笹の葉 …… 20枚

※1　P29参照
※2　P29参照
※3　P28参照
※4　酢360mℓで代用できる。酢を使う場合は水の分量は240mℓ
※5　P27参照
※6　P27参照

【つくり方】

山菜の下準備

❶ アクを抜いたワラビを長さ3cmに切る。

❷ 鍋に湯を沸かし、フキを1～2分間ゆでる。皮をむき、厚さ5mmに斜め切りにする。

❸ 鍋に湯を沸かし、ネマガリダケを15～20分間ゆでる。ザルにとり、粗熱をとる。厚さ5mmの斜め切りにする。

❹ ボウルにAを合わせ、混ぜる。

❺ ④に①～③、下ゆでしたミズの茎を加え、1～2時間浸す。汁気をしっかりきる。

身欠きニシンの下準備

❶ もどした身欠きニシンを厚さ3mmに斜め切りにする。

モチゴメの下準備

❶ モチゴメを水で洗い、2～3時間浸水する。

❷ 炊飯器に①、水を合わせて炊く。

❷ 炊き上がったモチゴメが熱いうちにミリンを加え、混ぜる。粗熱をとる。

漬け込み

❶ すし枠に笹の葉を敷き、下準備したモチゴメの1/3量を敷き詰める。その上に下準備した山菜と身欠きニシンのそれぞれ1/3量をまんべんなくのせ、Bのそれぞれ1/3量を散らし、ミリンの1/3量をふりかける。この工程を3回繰り返す。

❷ ①の表面を笹の葉で覆い、押し蓋をする。重し（1kg）をして常温に3～4時間おいて発酵を進めた後、冷蔵庫に一晩おく。

秋

Autumn

8月中旬、早くも津軽は秋の気配に包まれる。お盆を過ぎると空気がガラリと入れ替わり、朝晩は肌寒く感じる日もあるくらい。稲をはじめ、ハクサイ、ダイコン、カブなど、漬物にして保存するための野菜の収穫期でもある。山ではキノコが現れはじめ、よくだしの出るサモダシ(P26参照)と呼ばれるキノコを津軽衆は愛してやまない。クリやカボチャ、菊の花なども添えられ、食卓が赤に黄色に橙色に……。この季節はお膳の色彩も深みを増す。

みょうがの甘酢漬け

【材料】 4人分

ミョウガ …… 400g
赤ジソの葉 …… 10 枚
塩 …… 6g

A	砂糖 …… 60g
	塩 ··· 10g
	五倍酢 …… 小さじ 1[※1]

※1 酢 小さじ 3 で代用できる

【つくり方】

❶ ミョウガを水で洗う。ザルにとり、一晩おいて水気をきる。

❷ 赤ジソの葉に塩をふってよく揉み、アクを抜く。

❸ 漬け樽に①、②、A を合わせ、混ぜる。軽く重しをして冷蔵庫で 3 ～ 4 日間漬ける（漬け上がり後、冷蔵で 1 ヵ月間保存できる）。

塩鯨となすの炒め煮

塩クジラ（P31参照）を本調理前に湯通し、または乾煎りし、余分な脂を落とすのがポイント。この工程により脂っこくなく仕上がり、コリコリした食感になる。津軽あかつきの会では塩クジラとナスで味噌汁に仕立てることもある。

【 材料 】　4人分

塩クジラ※1（拍子木切り）…… 40g
ナス（拍子木切り）…… 300g

A	味噌 …… 10g
	酒 …… 15mℓ

※1　P31 参照

【 つくり方 】

❶ 塩クジラに熱湯をまわしかけて塩と油を抜く。
❷ フライパンに①を入れて弱火で炒め、脂を出す。
❸ ②にナスを加え、ナスがしんなりするまで中火で炒める。
❹ Aを合わせて混ぜ、③に加えてひと混ぜする。火を止める。

なすのずんだ和え

「ずんだ」とは大豆やエダマメをすりつぶしたもののこと。

【材料】 4人分

ナス …… 500g（約5本）

エダマメ（サヤつき）…… 200g

A
- 味噌 …… 40g
- 五倍酢 …… 小さじ 1/2 ※1
- 酒 …… 少量

※1　酢 小さじ1と1/2で代用できる

【つくり方】

❶ ナスのヘタをとり、その先端に十文字に切り目を入れる。

❷ 鍋に湯を沸かし、①を8～10分間ゆでる（箸で挟んで表面がへこむ程度）。ザルにとり、軽く絞って水気を抜く。粗熱をとる。

❸ ②を切り目から手で割き、長さ4～5㎝に切る。

❹ 鍋に湯を沸かし、エダマメをサヤごと5分間ゆでる。ザルにとり、粗熱をとる。

❺ ④のエダマメの豆をサヤからとり出し、薄皮をむく。

❻ ビニール袋に⑤を入れ、すりこぎで叩いてつぶす。すり鉢でなめらかになるまでする。

❼ ⑥にAを加え、すり混ぜる。

❽ ③を⑦で和える。

いかのナンバ味噌和え

辛みの弱い在来種のトウガラシ、清水森《しみずもり》ナンバ（P27参照）を、味噌とともにすりつぶした調味料がナンバ味噌。白飯にのせてそのまま食べることもある。

【材料】 4人分

スルメイカ（大）…… 1杯
清水森ナンバ※1（青／生）…… 2本

A	味噌 …… 15g
	ミリン …… 小さじ1

※1　P27参照

【つくり方】

❶ スルメイカの内臓をとり除く。
❷ 鍋に湯を沸かし、①を白く変色するまでゆでる。ザルにとり、粗熱をとる。
❸ ②のスルメイカを胴とゲソに分ける。胴は縦に2等分した後、幅1cmに切る。ゲソは食べやすい大きさに切る。
❹ 清水森ナンバを縦半分に切って種をとり除き、青臭さを除くために鮮やかな緑色になるまでゆでるか、軽くあぶる（フライパンで乾煎りしてもいい）。
❺ ④を粗みじん切りにし、すり鉢でペースト状になるまでする。Aを加え、軽くすり混ぜる。
❻ ③を⑤で和える。

ねぎの素焼き 一升漬けがけ

【材料】 4人分

ネギ……4本
一升漬※1……適量
※1 P23参照

【つくり方】

❶ ネギの繊維に対して45度の角度で適宜に切り込みを入れ、長さ5～6cmに切る。
❷ 焼き網に①をのせ、表面の一部に焼き色がつくまで弱火～中火であぶる。
❸ 皿に②を盛り、一升漬をかける。

サモダシとはナラタケのこと。東日本で親しまれているキノコで、北東北ではカックイ、ボリ、サワボダシとも呼ばれる。傷みが早いため、湯通ししてから、塩漬けか水にさらした状態で瓶詰めにして保存することが多い。塩蔵品のもどし方などはP26参照。

さもだしの味噌汁

【材料】 4人分

ナラタケ（生／下処理をする）※1 …… 80g

だし …… 600mℓ

味噌 …… 40g

※1　P26 参照

【つくり方】

❶ 鍋にだしを沸かし、下処理をしたナラタケを2～3分間煮る。

❷ 味噌を溶き入れる。

❸ ダイコンおろし（分量外）とともに提供する。

さもだしのナンバ漬け

【材料】 4人分

ナラタケ（生／下処理をする）※1 …… 100g
食用菊 …… 40g
塩辛昆布※2 …… 8g
一升漬け※3 …… 40g

※1　P26参照
※2　P27参照
※3　P23参照

【つくり方】

❶ 鍋に湯を沸かし、下処理をしたナラタケをさっとくぐらせる。ザルにとる。
❷ 鍋に湯を沸かし、酢（少量／分量外）を加える。食用菊をさっとくぐらせ、冷水にとる。水気を軽く絞る。
❸ ボウルに塩辛昆布、水（小さじ2／分量外）を合わせる。
❹ 別のボウルに①〜③、一升漬けを合わせ、和える（冷蔵で1週間保存できる）。

さもだしの佃煮

【材料】（つくりやすい分量）

ナラタケ（生／下処理をする）※1 …… 300g
煮干し …… 1本
A　酒 …… 100mℓ
　　濃口醤油 …… 50mℓ

※1　P26参照

【つくり方】

❶ 煮干しの頭と内臓をとり除き、粗くほぐす。
❷ 鍋に下処理したナラタケ、①、Aを合わせ、中弱火で約30分間煮詰める（汁気が9割方なくなるまで）。
❸ 強火にして汁気を完全にとばす。

サモダシ（ナラタケ）は味噌汁（P82参照）のほか、醤油で漬けたり煮たりして仕立てる。「さもだしのナンバ漬け」は塩辛昆布（P27参照）を使って調理することから、「きのこの塩辛」と呼ぶこともある。

だまっこ汁

だまっこの材料は青魚。夏はイワシ、秋にはサンマなどを使うといい。エダマメはフード・プロセッサーではなく、すり鉢を使ったほうが角のない食感になる。汁にダイコンやナス、豆腐を入れてもおいしい。

【材料】 4人分

だまっこの下準備

サンマ …… 1尾（200g）

エダマメ（サヤから出す）…… 50g

卵（溶きほぐす）…… 1/2個分

ショウガ（すりおろし）…… 5g

酒 …… 少量

味噌 …… 6g

片栗粉 …… 5g

仕上げ

だし …… 800mℓ

味噌 …… 30g

ネギ（斜め切り）…… 75g

【つくり方】

だまっこの下準備

❶ サンマの頭と内臓をとり除き、塩水（分量外）で洗う。三枚におろし、包丁で粗く叩く。

❷ ボウルに水を張り、エダマメを浸しながら薄皮をむく。

❸ ビニール袋に②を入れ、すりこぎで叩いてつぶす。すり鉢で粗くする。

❹ ③に①、卵を加え、混ぜてなじませる。

❺ ④にショウガ、酒、味噌、片栗粉の順に加え、そのつどすり混ぜる。

仕上げ

❶ 鍋にだしを沸かし、下準備しただまっこを丸めながら入れる。だまっこが浮いてきたら味噌を溶き入れる。

❷ ネギを加え、ひと煮立ちさせる。

舞茸ご飯

【材料】 4人分

コメ …… 300g
マイタケ …… 100g
ニンジン …… 30g
ゴボウ …… 30g
油揚げ …… 25g

A	だし …… 300mℓ
	濃口醤油 …… 大さじ2
	酒 …… 大さじ1

水 …… 適量（つくり方⑥参照）
昆布 …… 3g
塩 …… 1g
濃口醤油 …… 小さじ1

【つくり方】

❶ コメを水で洗い、30分間浸水する。
❷ マイタケを食べやすい大きさに手で割く。
❸ ニンジン、ゴボウをささがきにする。
❹ 油揚げに熱湯をまわしかけて油抜きをする。幅3～5mmの短冊切りにする。
❺ 鍋に②～④、Aを合わせ、5分間煮る。ザルにとり、具と煮汁に分ける。
❻ 炊飯器に①、⑤の煮汁、水（⑤の煮汁と合わせてコメ300g分の水分量になる量）を合わせる。
❼ ⑥に⑤の具、昆布、塩を加え、炊く。
❽ 炊き上がったら昆布をとり出す。香りづけに濃口醤油をまわし入れ、混ぜる。

栗ご飯

【材料】 4人分

コメ …… 300g
モチゴメ …… 50g
クリ …… 100g
A
　酒 …… 小さじ2
　塩 …… 6g
水 …… 適量（つくり方③参照）
昆布 …… 3g
濃口醤油 …… 小さじ1

【つくり方】

❶ コメ、モチゴメを水で洗い、30分間浸水する。
❷ クリの鬼皮と渋皮をむく。ボウルに水を張り、クリを30分間浸してアクを抜く。
❸ 炊飯器に①、A、水（コメ300g、モチゴメ50g分よりやや少ない量）を加え、混ぜる。②、昆布を加え、炊く。
❹ 炊き上がったら昆布をとり出す。香りづけに濃口醤油をまわし入れ、混ぜる。

彼岸だんご

【材料】 20個分

だんご粉 …… 500g

熱湯 …… 500mℓ

小豆あん[※1] …… 400g

※1 P24参照

【つくり方】

❶ ボウルにだんご粉を入れ、熱湯を2回に分けて注ぎ入れ、そのつど菜箸4～5本でかき混ぜる。粉と熱湯がなじんだら手早く手で練り（熱いので注意する）、耳たぶ程度の硬さにする。

❷ ①を40gずつに分けてバットに並べる（乾燥を防ぐために濡れ布きんをかける）。

❸ ②で小豆あんを20gずつ包み、団子状に形づくる。

❹ 湯気が立った蒸し器に③を並べ、蓋（水滴が落ちるのを防ぐためにさらし布で巻く）をして15分間蒸す（加熱しすぎると団子がダレるため、蒸しすぎないように注意する）。

❺ 蒸し上がった団子をとり出し（やけど防止のために手を冷水に浸しながら行う）、1個ずつラップ紙で包む。

黒豆ご飯

【材料】 4人分

コメ …… 300g

クロマメ …… 30g

A
- 昆布 …… 3g
- 酒 …… 小さじ 1/2
- 塩 …… 小さじ 1/2

濃口醤油 …… 小さじ 1

【つくり方】

クロマメの下準備

❶ ボウルに水を張り、クロマメを一晩浸水する。

❷ 鍋に①、水（ひたひたの量／分量外）を合わせ、豆の芯が残る程度に弱火で煮る（途中でアクをとり除きつつ、差し水をしてひたひたの水量を保つ）。豆と煮汁を分ける。

仕上げ

❶ コメを水で洗い、30 分間浸水する。

❷ 炊飯器に①、下準備したクロマメの煮汁（コメ 300g 分の水分量。足りない場合は水を加える）を合わせる。

❸ ②に下準備したクロマメ、A を加え、炊く。

❹ 炊き上がったら昆布をとり出す。香りづけに濃口醤油をまわし入れ、混ぜる。

干し柿

【 材料 】

渋柿[※1] …… 20 個

※1　できれば種のないもの。ツルの部分が T 字になっているとヒモで吊るしやすい

【 つくり方 】

❶ 渋柿の皮をヘタを残してむく。ヘタ先をヒモで縛り、数珠つなぎにする。

❷ ①を軒下などの風通しのよい場所に吊るし、触ってもベタつかなくなるまで乾燥させる。

❸ ②を揉みほぐし、さらに数日間乾燥させる（揉みほぐすと仕上がりがやわらかくなる）。

❹ ③の工程を繰り返し、渋みが抜けたら完成（冷凍で 1 年間保存できる）。

りんごの漬物

色づきをよくし、害虫を除《よ》けるために袋をかけて栽培するリンゴのことを有袋《ゆうたい》リンゴという。9～10月に袋をとり除く除袋《じょたい》という作業をするが、漬物には、そのときにツルからとれてしまった未熟果のリンゴだけを使う。熟した果実は長期保存できないので漬物には向かない。

【 材料 】（つくりやすい分量）

リンゴ（未熟果のふじ［有袋リンゴ］／皮つき）
…… 10kg

塩 …… 800g

水 …… 900mℓ

【つくり方】

❶ リンゴを水で洗い、水気を拭きとる。

❷ 鍋に湯を沸かし、塩を加えて溶かす。火を止め、常温まで冷ます。

❸ 漬け樽に①を隙間なく並べて重ねる。

❹ ③に②を加え、重し（10kg）をして冷暗所で6ヵ月間漬ける。

冬

Winter

津軽地方で雪が降りはじめるのは11月下旬ぐらいだが、あたりを雪が本格的に包むのは年の瀬の頃。津軽の冬は、山や畑が雪に閉ざされ、新鮮な食材が乏しくなる代わりに、発酵・塩蔵・乾燥といった技術を駆使した保存食が“旬”を迎える。漬物のバリエーションが一年でもっとも豊富で、その多くが真冬の時期に“食べどき”を迎えるように調整されている。また、正月料理もお膳に並ぶ。津軽の伝承料理の醍醐味を、いちばん楽しめる季節がやってきた。

人参子和え

冬の日常的な家庭料理だが、ニンジンの鮮やかな色合いから縁起物とされ、正月料理の一品になることもある。津軽地方ではタラは捨てるところがない魚とされる。この料理では卵巣（子）を和え衣や調味料として活用している。

【材料】 4人分

ニンジン（せん切り）…… 100g
タラコ（塩漬け）…… 30g
酒 …… 小さじ1
高野豆腐 …… 10g
シラタキ …… 70g
セリ※1（長さ3cmに切る）…… 5g
だし …… 100mℓ
A 濃口醤油 …… 小さじ1
A 塩 …… 少量

※1 小ネギ、アサツキで代用できる

【つくり方】

❶ タラコを薄皮から出し、酒に浸して粒をほぐす。

❷ 鍋にぬるま湯を温め、高野豆腐を20～30分間浸してもどす。せん切りにする。

❸ 鍋に湯を沸かし、シラタキを湯通しする。長さ3～4cmに切る。

❹ 鍋にニンジン、③、だしを合わせ、ニンジンがしんなりし、だしの汁気がなくなるまで強火で煮る。

❺ ④に①を酒ごと加え、混ぜる。

❻ ⑤にセリを加え、軽く混ぜる。火を止める。

❼ ⑥にAを加え、和える。

ごぼうのでんぶ

「ささげのでんぶ」（P64参照）と同じく醤油で炒り煮した料理。醤油で味つけしているため「でんぶ」である。歯ごたえを大切にしたいので、煮すぎてやわらかくならないように。

【材料】 4人分

ゴボウ（拍子木切り）…… 400g
ニンジン（拍子木切り）…… 100g
だし …… 80mℓ

A
- 濃口醤油 …… 大さじ2
- 酒 …… 小さじ2

B
- 清水森ナンバ[※1]（赤／乾燥／小口切り）…… 少量
- 煎りゴマ（白）…… 少量

※1 P27参照

【つくり方】

❶ 鍋にゴボウ、だしを合わせて沸騰させる。中火にして2分間煮る。
❷ ①にニンジンを加え、汁気がなくなるまで中火で煮詰める（焦げつかないように注意する）。
❸ ②にAを加え、ひと混ぜする。
❹ ③にBを加え、ひと混ぜする。火を止める。

けの汁

冬の津軽地方を代表する料理。正月に家族の世話や来客の対応に追われた嫁が小正月に里帰りする際、男衆のためにつくりおきした保存食という側面がある。また、七草粥の代わりに食べられていたという説もあり、「粥の汁」が訛って「けの汁」になったともいわれる。春先に塩蔵しておいた山菜、秋に収穫した根菜を煮干しと昆布のだしで煮る。「ずんだ」と呼ばれる大豆をすりつぶしたものが入るのも特徴。

【材料】 10人分

ゴボウ …… 250g

ニンジン …… 125g

ダイコン …… 500g

大豆 …… 100g

- A
  - ワラビ（塩蔵／塩抜きをする）[※1] …… 100g
  - フキ（塩蔵／塩抜きをする）[※2] …… 150g
  - ゼンマイ（乾燥／もどす）[※3] …… 100g
  - 油揚げ（油抜きをする）…… 150g
  - 高野豆腐（もどす）…… 120g
  - 昆布（だしをとったもの）…… 20g

だし …… 2ℓ

味噌 …… 70g

※1　P30 参照
※2　P30 参照
※3　P28 参照

【つくり方】

❶ 大豆、だし、味噌以外の材料はさいの目切りにできるものは8㎜角、できないものは長さ8㎜に切る。

❷ ボウルに水を張り、大豆を一晩浸水する。

❸ ビニール袋に②を入れ、すりこぎで叩いて細かくする。すり鉢で粒がなくなるまで細かくすりつぶす。

❹ 鍋にだしを入れて中火で加熱する。沸騰したら弱火にしてゴボウを加え、2分後にニンジン、さらに2分後にダイコンを加え、そこから10分間煮る。

❺ ④にAを加え、中火で5分間煮る。弱火にして味噌を溶き入れる。

❻ ⑤に③を加え、沸騰しない程度の火加減で5分間煮る。

高菜の煮びたし

秋に収穫したタカナを20～40％の塩分濃度で漬けて保存する（P31参照）。こうすることで、腐敗につながる微生物の増殖が抑えられるとともに、酵素による自己分解が進まないため、水で塩抜きをすると色鮮やかに仕上がり、冬場でも緑色の葉野菜が楽しめる。

【材料】 4人分

タカナ（塩蔵／塩抜きをする）※1…… 300g
油揚げ …… 1枚
だし …… 適量
A
- 清水森ナンバ※2（赤／乾燥／小口切り）…… 少量
- 濃口醤油 …… 大さじ1～2※3
- 酒 …… 小さじ1

一味唐辛子 …… 少量

※1 P31参照
※2 P27参照
※3 タカナの塩加減で調整する

【つくり方】

❶ 塩抜きをしたタカナの水気を絞り、食べやすい大きさに切る。
❷ 油揚げに熱湯をまわしかけて油抜きをする。幅1cmの短冊切りにする。
❸ 鍋に①、②、だし（ひたひたの量）、Aを合わせ、弱火～中火で15分間煮る（タカナの食感を残す）。常温まで冷まして味を含ませる。

茶碗蒸し

クリの甘露煮とその煮汁を加えて甘く仕立てるのが、津軽地方の茶碗蒸しの特徴。板麩を細切りにしたものを加える家庭もあった。

【材料】　4人分

鶏ササミ……1枚

A
- シラタキ（長さ3～4cmのざく切り）……100g
- ネマガリダケ[※1]（小口切り）……4本
- 干しシイタケ（もどす／そぎ切り）……2個
- 干しシイタケのもどし汁……50mℓ
- 濃口醤油……小さじ1

卵液

卵（溶きほぐす）……4個

鶏ガラだし　250mℓ

（以下はつくりやすい分量）

鶏ガラ……　1羽分

昆布……50g

酒……少量

水……2ℓ

酒……小さじ1

濃口醤油……小さじ1

塩……小さじ1/2

クリの甘露煮の煮汁……大さじ2

クリの甘露煮　4個

（以下はつくりやすい分量）

クリ……1kg

B
- クチナシの実……2個
- 20%の砂糖水……ひたひたの量

ナルト（薄切り）……4枚

セリ（長さ3cmに切る）……少量

※1　P28参照

【つくり方】

❶ 鶏ササミをそぎ切りにして4等分する。酒、塩（いずれも少量／分量外）をふる。

❷ 鍋にAを合わせ、中火で5分間煮る。

❸ ボウルに卵液の材料を合わせて混ぜ、ザルで漉す。

❹ 器に①～③を4等分ずつ入れる。

❺ 湯気が立った蒸し器に④（蓋はしない）を並べる。蒸し器に布きんをかぶせ、蒸し器の縁に菜箸を渡してその上に蓋をのせる。中火で8分間蒸す。

❻ ⑤の器の表面にクリの甘露煮（後述）、ナルトをのせる。⑤と同様に蒸し器に布きんをかぶせ、蒸し器の縁に菜箸を渡してその上に蓋をのせる。中火で2分間蒸す。

❼ ⑥にセリをあしらう。

鶏ガラだし

❶ 鍋に材料を合わせ、アクをとりながら中火で1時間煮出す。

❷ 冷蔵庫で一晩おく。

栗の甘露煮

❶ クリの鬼皮と渋皮をむく。

❷ 鍋に①、Bを合わせ、クリを硬めに煮る（クリの渋みが抜けるまで）。

❸ 瓶（煮沸する）に②を煮汁（ひたひたの量）ごと入れ、蓋をする。瓶ごと15分間湯煎にかける。

❹ ③の瓶の天地を返し、15分間湯煎にかける。

ぜんまいの白和え

【材料】 4人分

ゼンマイの下準備

ゼンマイ（乾燥／もどす）※1 100g

ニンジン（拍子木切り）…… 10g

だし …… 50mℓ

A
- 酒 …… 大さじ 1
- 濃口醤油 …… 大さじ 1

和え衣

木綿豆腐 …… 1/2 丁

クルミ …… 5g

B
- 味噌 …… 25g
- 五倍酢 …… 小さじ 1/2 ※2
- 酒 …… 少量

※1 P28 参照

※2 酢 小さじ 1 で代用できる

【つくり方】

ゼンマイの下準備

❶ もどしたゼンマイを長さ 3㎝に切る。

❷ 鍋に①、ニンジン、だし、A を合わせ、汁気がなくなるまで中火で煮る。火を止め、常温まで冷ます。

和え衣

❶ 豆腐を水切りする。

❷ すり鉢でクルミを少し形が残る程度まですする。

❸ ②に①、B を加え、豆腐が細かくなるまですする。

仕上げ

❶ 下準備したゼンマイを和え衣で和える。

ふきの白和え

春に採取し塩蔵しておいたフキを、野菜が乏しくなる冬に食べる。保存食にも「食べどき」という意味での旬がある。

【材料】 4人分

フキの下準備

フキ（生）…… 160g

塩 …… 8g

A
- 濃口醤油 …… 大さじ 1
- 酒 …… 大さじ 1/2

和え衣

木綿豆腐 …… 30g

B
- 味噌 …… 10g
- 酒 …… 小さじ 1
- 五倍酢 …… 小さじ 1/2[※1]

※1　酢 小さじ 1 と 1/2 で代用できる

【つくり方】

フキの下準備

❶ フキを板ずりする。

❷ 鍋に湯を沸かし、①を 3 分間ゆでる。

❸ ボウルに水を張り、②をさらして約 1 時間おいてアクを抜く。

❹ ③のフキの皮をむき、長さ 3cmに切る。

❺ 鍋に④、A を合わせ、弱火で 1 ～ 2 分間煮る。

❻ 粗熱をとり、汁気をきる。

和え衣

❶ 豆腐を水切りする。

❷ すり鉢に B を合わせ、すり混ぜる。

❸ ②に①を加え、さらにすり混ぜる。

仕上げ

❶ 下準備したフキを和え衣で和える。

嫁なます

ダイコンとニンジンで紅白に彩られ、嫁入り装束を連想させることからの呼び名。縁起物とされ、正月料理に加えられることも多い。

【材料】 4人分

ダイコン（せん切り）…… 400g

ニンジン（せん切り）…… 50g

塩 …… 1.5g

A｜砂糖 …… 大さじ1

　｜五倍酢 …… 小さじ1と1/2※1

※1　酢大さじ1で代用できる

【つくり方】

❶ ボウルにダイコン、ニンジンを合わせ、塩をふる。しんなりしたら水気を軽く絞る。

❷ ①にAを加え、和える。

生たらこの醤油漬け

年の瀬になると、「捨てるところがない魚」であるタラの大きなものを各家庭で買い、大晦日や正月に食べる「年取り料理」をつくった。卵巣（子）は「人参子和え」（P98参照）のように和え衣にしたり、生を塩漬け、醤油漬けにして食べた。

【 材料 】

タラコ（マダラ／生）…… 300g
切り昆布（市販品）…… 5g
切りスルメ（市販品）…… 5g
ショウガ（すりおろし）…… 1片分
一味唐辛子 …… 1g
濃口醤油 …… 90mℓ
酒 …… 大さじ2

【 つくり方 】

❶ タラコの薄皮の表面を水で軽く洗い、水気を拭きとる。タラコを薄皮から出し、ボウルにとる。
❷ ①にすべての材料を加え、混ぜる。
❸ ②を冷蔵庫で2日間漬ける。

大鰐《おおわに》温泉もやしと鮫《さめ》の和えもの

大鰐《おおわに》温泉もやしは津軽地方の在来種（P26参照）。温泉の地熱を活用して土耕栽培し、栽培・洗浄・仕上げにおいて温泉水のみを使う。サメは体内で生成されるアンモニアが雑菌の繁殖を防ぐため腐りにくく、冷蔵技術が未発達だった時代に内陸部で重宝された。この料理で使っているのはアブラツノザメ。

【材料】 4人分

野菜の下準備

大鰐温泉もやし※1 …… 60g

キャベツ（幅 2cmに切る）…… 30g

A
- だし …… 100mℓ
- 濃口醤油 …… 大さじ 1
- 酒 …… 小さじ 2
- ショウガの絞り汁 …… 小さじ 1
- 五倍酢 …… 小さじ 1/2※2

サメの下準備

サメ（ハラス）…… 60g

酒 …… 少量

仕上げ

B
- 味噌 …… 小さじ 1
- 酒 …… 小さじ 1/2
- 五倍酢 …… 少量※3

※1　P26 参照

※2　酢 小さじ 1で代用できる

※3　酢 少量で代用できる

【つくり方】

野菜の下準備

❶ 大鰐温泉もやしの根を切り落とし、長さ 3cmに切る。

❷ 鍋に①、キャベツ、水（ひたひたの量／分量外）を合わせて中火で加熱し（沸騰させなくてよい）、モヤシは豆の臭みが抜けたら、キャベツは火が通ったらザルにとる。

❸ ボウルに A を合わせる。

❹ ③に熱いままの②を加えて和え、30 分間浸す。汁気をきる。

サメの下準備

❶ 鍋に湯を沸かして酒を加え、サメを中火で 7 ～ 8 分間ゆでる（箸がすっと通るまで）。

❷ ①をザルにとり、粗熱をとる。薄皮をはぐ。

仕上げ

❶ ボウルに B を合わせ、混ぜる。

❷ すり鉢で下準備したサメをクリーム状になるまですする。①を少しずつ加えながら混ぜる。

❸ 下準備した野菜を②で和える。

鮫《さめ》なます

遺跡調査により、津軽地方では縄文時代からサメを食べていたことが分かっている。現在主に食べられているアブラツノザメは県内のサメ漁獲高の9割を超えるともいわれ、鮮魚店には日常的に切り身や頭が並んでいる。

【 材料 】 4人分

サメ（身）…… 50g
サメ（ハラス）…… 50g
ダイコンおろし …… 500g
塩 …… 10g
A
- 味噌 …… 20g
- 五倍酢 …… 小さじ1[※1]
- 酒 …… 小さじ1

※1　酢 大さじ1で代用できる

【 つくり方 】

❶ 鍋に湯を沸かして酒（少量／分量外）を加え、サメの身とハラスを10～15分間ゆでる（箸がすっと通るまで）。ザルにとり、粗熱をとる。
❷ ①を細かくほぐす。
❸ ダイコンおろしに塩をふって混ぜ、2～3分間なじませる。ザルにとり、水気をきる。
❹ すり鉢でAをすり混ぜる。②、③を加え、さらにすり混ぜる。

煮しめ

青森県で「ツブ貝」と呼ばれるのはモスソガイ。生息域は瀬戸内海以北と広いが、主な産地は東北や北海道とされ、とくに陸奥湾産のものは高値がつく。長時間加熱しても硬くなりにくい。煮しめは正月にはニンジン、ゴボウ、生揚げ（厚揚げ）を加えて煮て、にぎやかな仕立てとする。サトイモやサモダシ（ナラタケ／P26参照）を入れる家庭もある。

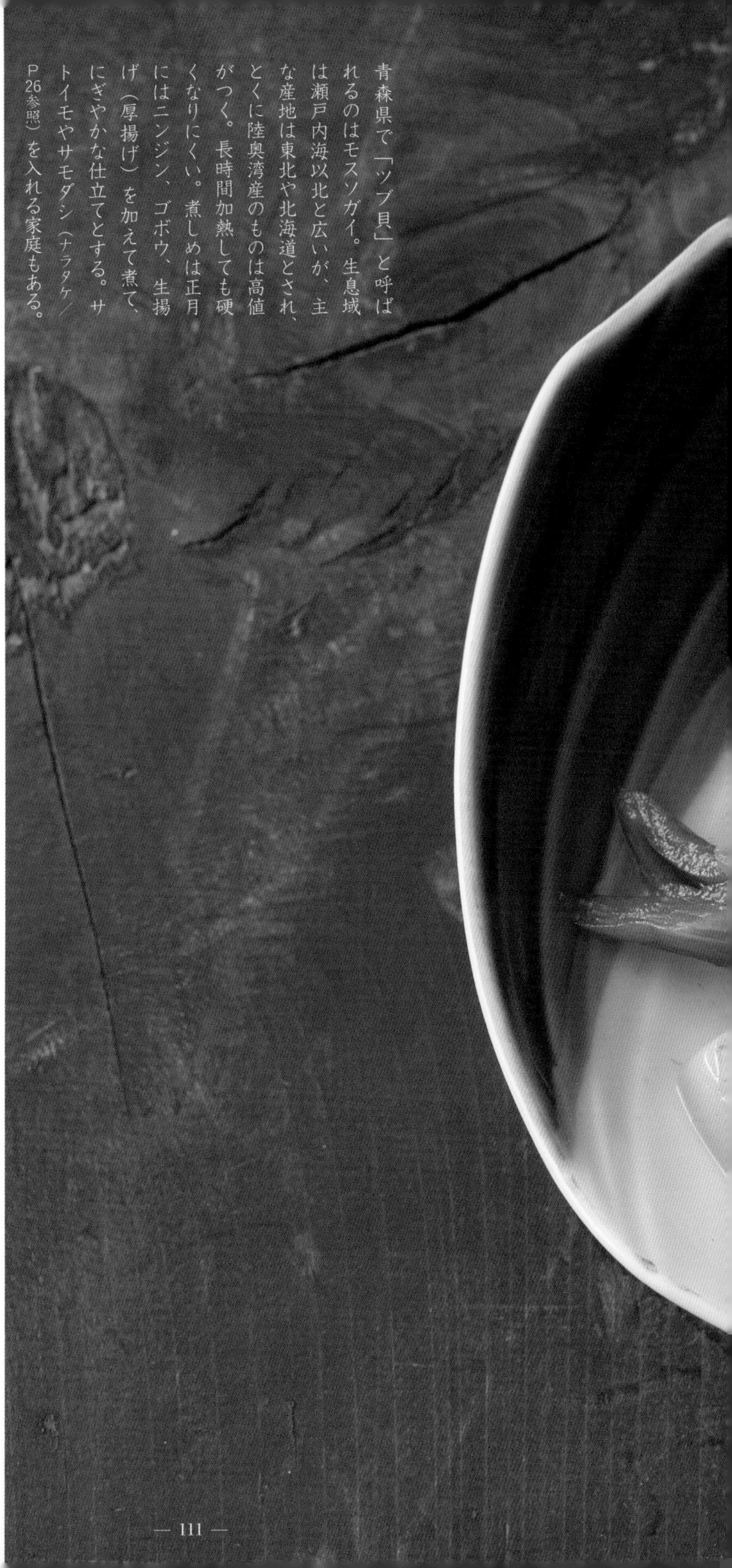

【材料】 4人分

ツブ貝 …… 4個

A
- ネマガリダケ※1（先端部）…… 4本
- 干しシイタケ（もどす）…… 4個
- フキ（塩蔵／塩抜きをする／斜め切り）※2 …… 100g
- インゲンマメ（食べやすい大きさに切る）…… 4本
- コンニャク（手綱こんにゃくにして下ゆでする）…… 100g※3

だし …… 500mℓ

B
- 濃口醤油 …… 大さじ3
- 酒 …… 大さじ1
- ミリン …… 小さじ2

※1 P28参照
※2 P30参照
※3 手綱こんにゃく1個で25g

【つくり方】

❶ 鍋にA、だし、Bを合わせ、中火で10分間煮る。
❷ ①にツブ貝を加え、ツブ貝に竹串がすっと通るまで煮る。
❸ ②を常温まで冷まして味を含ませる。

棒鱈の煮物

津軽あかつきの会で使っているのは、近海で獲れたスケソウダラを天日で時間をかけて乾燥させた皮つきの棒ダラ。もどし方はP27参照。

【材料】 4人分

棒ダラ（もどす）※1 …… 4切れ

A
- フキ（塩蔵／塩抜きをする／斜め切り）※2 …… 100g
- ニンジン（乱切り）…… 60g
- 干しシイタケ（もどす）…… 4枚
- コンニャク（手綱こんにゃくにして下ゆでする）…… 100g※3
- 高野豆腐（もどす）…… 80g

B
- だし …… 500mℓ
- 酒 …… 大さじ1
- 濃口醤油 …… 大さじ3

※1　P27参照
※2　P30参照
※3　手綱こんにゃく1個で25g

【つくり方】

❶ もどした棒ダラを下ゆでし、アク抜きをする。ザルにとる。
❷ 鍋に①、Bを合わせ、落とし蓋をして中火で20分間煮る。
❸ ②にAを加え、落とし蓋をして中火で10分間煮る。
❹ 好みに応じて濃口醤油（分量外）を加え、ひと混ぜして火を止める。常温まで冷まして味を含ませる。

棒鱈の甘露煮

棒ダラは胴の中心部分に身が多くついており、たとえば「棒鱈の煮物」（P112参照）のようにその部分のみを使いたい料理がある。一方で、頭や尾の近くなどの身が少ない部分が集まったときにつくったのがこの甘露煮。多めのザラメ糖でこっくり甘めに仕上げる。写真では、だしに使った昆布と干しシイタケをあしらった。

【 材料 】（つくりやすい分量）

棒ダラ（もどす）※1 …… 250g

A
- だし …… 1.5ℓ
- 酒 …… 200mℓ

B
- ザラメ糖 …… 200g
- 濃口醤油 …… 200mℓ

ミリン …… 30mℓ

※1　P27 参照

【 つくり方 】

❶ ボウルに水を張り、もどした棒ダラを浸して水を吸わせては水気を絞る。臭みがなくなり、水がにごらなくなるまで２～３回繰り返す。

❷ 鍋に①、A を合わせ、強火で沸騰させながらアクをとる。

❸ ②の棒ダラがやわらかくなってきたら中火にし、B を加え、落とし蓋をして 30 分間煮る。

❹ ③の煮汁が 8 割方なくなったらミリンを加え、落とし蓋をして汁気がなくなるまで 5 分間煮詰める。

❺ ④を常温まで冷まして味を含ませる。

高菜の粕汁

「高菜の煮びたし」（P102参照）と同じく、野菜のバリエーションがきわめて少ない冬場に緑色の葉野菜を楽しむ知恵が詰まった一品。

【 材料 】　4人分

タカナ（塩蔵／塩抜きをする）※1
……350g
油揚げ……2枚
酒粕（板）……50g
酒……大さじ1
だし……800mℓ
味噌……25g

※1　P31参照

【 つくり方 】

❶ 塩抜きをしたタカナをざく切りにする。
❷ 油揚げに熱湯をまわしかけて油抜きをする。幅1cmの短冊切りにする。
❸ 酒粕をできるだけ小さく切り、酒に浸してもどす。すり鉢でだし（少量／分量外）とともにする。
❹ 鍋に①、②、だしを合わせ、中火で加熱する。沸騰したら弱火にし、味噌を溶き入れる。
❺ ④に③を加え、沸騰しない程度の火加減で温める。

しぐさ汁

秋に収穫したダイコンは冬に備えるために生干しにしたり地中に埋めたりしたが、葉は軒先で乾燥させた。その乾燥させたダイコンの葉がシグサ。味噌とともに酒粕を溶き入れても風味が増しておいしい。

【材料】 4人分

ダイコンの葉（乾燥／もどす）※1 …… 20g
油揚げ …… 25g
だし …… 800mℓ
味噌 …… 40g

※1　P27参照

【つくり方】

❶ もどしたダイコンの葉を幅1cmにざく切りにする

❷ 油揚げに熱湯をまわしかけて油抜きをする。幅1cmの短冊切りにする。

❸ 鍋に①、②、だしを合わせ、中火で加熱する。沸騰したら弱火にし、味噌を溶き入れる。

呉汁《ごじる》

水に浸しておいた大豆をすりつぶしたものが呉《ご》で、これを味噌汁に入れたのが呉汁。津軽あかつきの会では、大豆をだしとともに泡立てるようにすりつぶしていく。その泡立ちを保つため、呉を味噌汁に入れたらかき混ぜず、味噌汁を沸かしたり煮すぎたりしない。一方で豆の臭みを抜くのも大切で、加熱が足りないと豆の臭みが残るので注意する。

【材料】 4人分

大豆（乾燥）…… 100g
だし（A）…… 60mℓ
だし（B）…… 740mℓ
味噌 …… 20g
ネギ（みじん切り）…… 20g

【つくり方】

❶ ボウルに水を張り、大豆を一晩浸水する。ザルにとり、水気をきる。
❷ ①をフード・プロセッサーにかけて粗めに砕く。
❸ すり鉢に②を入れ、粒がなくなるまでする。
❹ ③にだし（A）を少しずつ加えてすり、クリーミーなピュレ状にする。
❺ 鍋にだし（B）を張って味噌を溶き、中火で沸騰させる。
❻ ⑤に④を流し入れ、沸騰しないように弱火で静かに３分間煮る（豆の臭みが抜けるまで）。
❼ 椀に盛り、ネギをあしらう。

五目豆

かつてはかっけや冷え性、血の巡りの悪い人に食べさせることが多かったという料理。

【材料】 4人分

大豆（乾燥）…… 100g

A	ニンジン（さいの目切り）…… 50g
	ゴボウ（さいの目切り）…… 50g
	コンニャク（さいの目切り）…… 100g
	昆布（さいの目切り）…… 5cm × 10cm
	だし …… 1ℓ
B	濃口醤油 …… 80mℓ
	塩 …… 3g

【つくり方】

❶ ボウルに水を張り、大豆を 20 時間浸水する。

❷ 鍋に①、水（ひたひたの量／分量外）を合わせる。落とし蓋をして弱火で 1 時間～1 時間 30 分煮て、豆を指でつぶせる程度までやわらかくする（途中でアクをとり除きつつ、差し水をしてひたひたの水量を保つ）。

❸ ②に A を加え、弱火で 20 分間煮る。

❹ ③に B を加え、火を止める。常温まで冷まして味を含ませる。

黒豆

【材料】 4人分

クロマメ（乾燥）…… 200g
砂糖 …… 200g
塩 …… 1.5g

【つくり方】

❶ ボウルに水を張り、クロマメ（乾燥）を20時間浸水する。

❷ 鍋に①を水ごと（ひたひたの量／分量外）入れる。落とし蓋をして弱火で1時間〜1時間30分煮て、豆を指でつぶせる程度までやわらかくする（途中でアクをとり除きつつ、差し水をしてひたひたの水量を保つ）。

❸ 砂糖、塩を加え、弱火で5分間煮る。火を止め、常温まで冷まして味を含ませる。

金時豆

【材料】 4人分

キントキマメ（乾燥）…… 200g
砂糖 …… 100 ～ 200g
塩 …… 1.5g

【つくり方】

❶ ボウルに水を張り、キントキマメを20時間浸水する。
❷ 鍋に①、水（ひたひたの量／分量外）を合わせる。弱火で1時間～1時間30分煮て、豆を指でつぶせる程度までやわらかくする（途中でアクをとり除きつつ、差し水をしてひたひたの水量を保つ）。
❸ 砂糖100g、塩を加え、さらに20分間煮る。
❹ 好みに応じて砂糖を加え、弱火で5分間煮る。火を止め、常温まで冷まして味を含ませる。

煮りんご

使う品種は「紅玉」。津軽地方では10月上旬から中旬にかけて収穫する。冷蔵庫がなかった時代は、収穫してから正月過ぎまで残って食味が落ちたリンゴを無駄にしないように煮て食べた。

【 材料 】 4人分

リンゴ（紅玉／皮つき）…… 4個

【 つくり方 】

❶ リンゴを1/6～1/8にくし切りにし、芯をとり除く。

❷ ボウルに3%の塩水（分量外）を張り、①をさっとくぐらせる。

❸ 鍋に②を入れ、弱火で7～20分間煮る（煮崩れに注意する）。好みに応じて砂糖（分量外）を加える。

柿紫《じ》蘇《そ》巻き

現在では菓子の類として親しまれているが、かつて津軽地方では漬物のひとつという位置づけだった。

【 材料 】 4人分

干し柿※1 …… 4個
赤ジソの葉の塩漬け※2 …… 4枚
サクラの花の塩漬け※3 …… 4個

※1　P92参照
※2　P30参照
※3　P31参照

【 つくり方 】

❶ 赤ジソの葉の塩漬け、サクラの花の塩漬けをそれぞれ水で洗い、塩を落とす。水気を拭きとる。
❷ 赤ジソの葉の塩漬けを広げ、干し柿を包む。
❸ ②の天にサクラの花の塩漬けをあしらう。

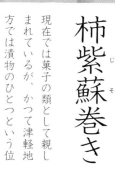

しとぎ餅

「しとぎ」とは、水に浸した生ゴメをつき砕いて固めた食べもののこと。主に神饌《しんせん》（神に供える餅）として全国的に用いられてきた。仕上げに両面を焼くのは、神棚に供した後に囲炉裏で焼いて食べた名残り。ここで紹介したのは、春の彼岸につくるヨモギを加えたレシピ。

【材料】 24個分

ヨモギ（乾燥）…… 8g
モチ粉 …… 500g
熱湯 …… 500mℓ
小豆あん※1 …… 480g
塩 …… 1つまみ
サラダ油 …… 少量

※1　P24参照

【つくり方】

❶ ボウルにヨモギ、水（ひたひたの量／分量外）を合わせ、一晩おく。
❷ ヨモギの水気をよく絞り、包丁で細かくきざむ。
❸ ボウルにモチ粉、塩を入れて混ぜ、熱湯を2回に分けて注ぎ入れ、そのつど菜箸4～5本でかき混ぜる。粉と熱湯がなじんだら手早く手で練り（熱いので注意する）、耳たぶ程度の硬さにする。
❹ ③に②を加え、全体が緑色になるまで練る。
❺ ④を60gずつに分けてそれぞれを円形に伸ばし、小豆あんを30gずつ包んで団子状に形づくる。手のひらで軽く押してやや扁平にする。
❻ フライパンにサラダ油を熱し、⑤を入れて蓋をする。両面を弱火で10分間ずつ蒸し焼きにする。

豆漬

エダマメの漬物。「毛豆《けまめ》」と呼ばれる在来種のエダマメを使い、9月下旬に漬け込む。ここで紹介した塩分濃度は10%だが、正月に食べる場合には塩分濃度を8%に、翌年の夏頃に食べる場合は12%に、という具合に塩分濃度で発酵のスピードを調整する。

【 材料 】 4人分

毛豆 …… 1kg

A
- 清水森ナンバ※1（赤／乾燥） …… 1本
- 塩 …… 100g

※1　P27 参照

【 つくり方 】

❶ 毛豆を水で軽く洗う。

❷ 鍋に①、水（ひたひたの量／分量外）を合わせ、沸騰した状態で5分間ゆでる（硬めにゆでる）。

❸ 保存容器に②、A、水（ひたひたの量／分量外）を合わせる。

❹ ③に重し（5kg）をし、冷暗所で1ヵ月間漬ける（漬け上がり後、冷暗所で6ヵ月間保存できる）。

大根のニシン漬け

主にダイコンを味わうための漬物で、三五八《さごはち》（P22参照）に漬け込む。身欠きニシンをともに漬けるのは、うまみを補強するため。

【材料】（つくりやすい分量）

生干しダイコン※1（拍子木切り）…… 10kg
身欠きニシン（もどす）※2 …… 12本
ニンジン（せん切り）…… 200g
ショウガ（せん切り）…… 200g
三五八※3 …… 2kg
清水森ナンバ※4（赤／乾燥／小口切り）…… 少量
焼酎（甲類／アルコール分35度）…… 少量

※1　数日間天日干ししたダイコン。手に持つとだらりとたれ下がるぐらいに水分が抜けている
※2　P27参照
※3　P22参照
※4　P27参照

【つくり方】

❶ もどした身欠きニシンを幅7～8㎜に斜め切りにする（腹骨や小骨を断ち切る）。
❷ 漬け樽に殺菌のために焼酎をふる。
❸ ②に生干しダイコン、①、ニンジン、ショウガ、三五八、清水森ナンバを合わせ、手で混ぜる（手で触れる際は清潔なゴム手袋などをする）。
❹ ③に重し（10kg）をし、冷暗所で数日間漬ける。
❺ ④の表面に水分が上がってきたら重しを5kgにし、冷暗所でさらに10日間漬ける。

葉くるみ漬け

下漬けしたダイコンに粕味噌を塗り、下漬けしたタカナで包んでさらに漬ける——という手の込んだ漬物。客をもてなすために、日常で食べる漬物に化粧をして供したことがはじまりとされる。ハクサイや赤ジソでキクイモ、キュウリなどを包む漬物も一般的。

【材料】 4人分

ダイコンの下漬け（つくりやすい分量）

生干しダイコン※1 …… 10kg

塩 …… 300g

タカナ（塩蔵）（つくりやすい分量）

タカナ …… 4kg

塩 …… 800g

粕味噌（ダイコン1本に対する分量）

酒粕（板）…… 100g

A ミリン …… 7mℓ
　焼酎（甲類／アルコール分35度）…… 7mℓ

B 味噌 …… 20g
　砂糖 …… 20g

本漬け（ダイコン1本に対する分量）

食用菊（下ゆでする）…… 100g

清水森ナンバ※2（赤／乾燥／小口切り）…… 8g

※1 数日間天日干ししたダイコン。手に持つとだらりとたれ下がるぐらいに水分が抜けている

※2 P27参照

【つくり方】

ダイコンの下漬け

❶ 漬け樽に生干しダイコン、塩を合わせる。重し（20kg）をし、冷暗所で数日間漬ける。

❷ ①の表面に水分が上がってきたら重しを10kgにし、冷暗所でさらに4～5日間漬ける。

タカナ（塩蔵）

❶ タカナの根元を切り落とし、葉を1枚ずつに分ける（水で洗わない）。

❷ 漬け樽に①、塩を合わせる。重し（10kg）をし、4～5日間漬ける。

粕味噌

❶すり鉢に酒粕を手でちぎりながら入れ、Aを加えてなめらかになるまですり混ぜる。

❷ Bを加え、さらにすり混ぜる。

本漬け

❶ 下漬けしたダイコンを大きめの拍子木切りにする（1本あたり20個が目安）。

❷ タカナ（塩蔵）の塩抜きをし（P31参照）、水気を拭きとる。

❸ ①ひとつずつに粕味噌（小さじ1）を塗る。②で食用菊とともに包む。

❹ 漬け樽に③を隙間なく並べ、清水森ナンバを適量ふる。この工程を繰り返し、何層かに重ねる。

❺ ④に重し（1kg）をし、冷暗所で2～3日間漬ける。

たくあん

津軽あかつきの会ではたくあんに自然な甘みと色合いをつけるために、柿の皮とともに漬ける。干し柿をつくるためにむいた柿渋の皮だ。つまり、たくあんと干し柿はほぼ同じ時期に仕込む。

【材料】

生干しダイコン※1 …… 10kg

A
- 米ヌカ …… 1.5 升
- 塩 …… 400g
- ザラメ糖 …… 100g
- 五倍酢 …… 25mℓ※2
- 水 …… 375mℓ

清水森ナンバ※3（赤／乾燥／小口切り）…… 4 ～ 5 本

渋柿の皮※4 …… 1kg

※1　数日間天日干ししたダイコン。手に持つとだらりとたれ下がるぐらいに水分が抜けている

※2　酢 75mℓで代用できる

※3　P27 参照

※4　干し柿をつくるためにむいたもの

【つくり方】

❶ ボウルに A を合わせ、混ぜ合わせる。

❷ 漬け樽に生干しダイコンを並べ、①適量をふり、清水森ナンバ、渋柿の皮をのせる。この工程を繰り返し、何層かに重ねる。

❸ ②に重し（30kg）をし、冷暗所で数日間漬ける。

❹ ③の表面に水分が上がってきたら重しを 10kg にし、冷暗所でさらに 1 ヵ月間漬ける。

キャベツのます漬け

キャベツと塩マスを一緒に漬けた津軽地方独特の漬物で、家庭で日常的に食べられる。津軽地方には魚類の入った漬物が多く、そのうまみが野菜に移ることから、野菜だけの漬物とは異なる〝ごちそう感〟のあるおいしさとなる。

【材料】 1樽分

キャベツ …… 5kg

塩マスの下準備

塩マス …… 1kg

A
- 五倍酢 …… 50mℓ[※1]
- 水 …… 100mℓ

甘酒

米麹 …… 500g

水 …… 1.5ℓ

酒 …… 小さじ2

砂糖 …… 小さじ 1/ 4

B
- ニンジン（せん切り）…… 150g
- ショウガ（せん切り）…… 100g
- 食用菊（下ゆでする）…… 100g
- 清水森ナンバ[※2]（赤／乾燥／小口切り）…… 1 本

塩 …… 適量

※1　酢 150mℓで代用できる

※2　P27 参照

【つくり方】

塩マスの下準備

❶ 塩マスを厚さ約 8mmにそぎ切りにする。

❷ バットにAを合わせ、①を浸す。ラップ紙で覆って冷蔵庫に一晩おく。

甘酒

❶ 炊飯器の内釜に米麹、水を合わせ、かき混ぜる。

❷ ①に酒、砂糖を加え、なじませる。

❸ ②を炊飯器にセットし（蓋はしない）、保温モードで 60℃を保って一晩おく。

漬け込み

❶ キャベツを 1/6 ～ 1/8 にくし切りにする。

❷ボウルに下準備した塩マス、甘酒、①、B、塩（全体の塩分濃度が 1 ～ 2%になる量）を合わせ、キャベツがややしんなりするまで混ぜる。

❸ 漬け樽に②を入れ、重し（約 5kg）をして冷暗所で一晩おく。

❹ ③の表面に水分が上がってきたら食べごろ（漬け上がり後、冷蔵で約 1 週間保存できる）。

赤かぶの丸子漬けと菊芋の漬物

赤カブとキクイモは相性がよく、一緒に漬けると赤カブは味がよくなり、キクイモは変色を防げる。

赤かぶの丸子漬け

【 材料 】（つくりやすい分量）

赤カブ（皮つき）…… 10kg
キクイモ（皮つき）…… 5kg
米ヌカ …… 100g

A
- 昆布（せん切り）…… 50g
- ザラメ糖 …… 400g
- 塩 …… 300g
- 五倍酢 …… 90mℓ※1

清水森ナンバ※2（赤／乾燥）
……2〜3本

※1　酢 500mℓで代用できる
※2　P27 参照

【 つくり方 】

❶ 赤カブを2〜3日間天日干しする。

❷ 漬け樽にキクイモ、米ヌカ、水（ひたひたの量／分量外）を合わせ、冷暗所に2〜3日間おいてアクを抜く。水気をきる。

❸ フライパンにAの昆布を入れ、弱火で1〜2分間乾煎りしてぬめりをとり除く。

❹ 漬け樽の最下段に、赤カブの葉の切り口を下側にしてできるだけ隙間なく並べる。上からAを適量ふる。

❺ ④の上に、赤カブの葉の切り口を上側にしてできるだけ隙間なく並べる。赤カブと赤カブの間にできた隙間に②のキクイモを詰め込む。上からAを適量ふる。この工程を繰り返し、何層かに重ねる。

❻ ⑤の上に清水森ナンバをのせ、重し（30kg）をして冷暗所で数日間漬ける。

❼ ⑥の表面に水が上がってきたら重しを10kgにし、冷暗所でさらに2ヵ月間漬ける。

菊芋の漬物

行事と日常

Pray and Smile

正月・盆などの年中行事、婚礼・葬式などの人生儀礼に加えて、たとえば田植えや稲刈りといった農家ならではの行事もある。昭和の中頃まで、津軽の女性たちは冠婚葬祭や田植えなど、ことあるごとに主となる家に集まって、料理をつくり客人をもてなしてきた。どれも手づくりの素朴な家庭料理だったが、それぞれの家に伝えられてきた知恵や工夫を互いに教え合うことで、地域の食はより豊かに、そしておいしくなっていったのだ。

ごままんま

その色合いから、主に仏事や不祝儀の際につくる「色飯《いろめし》」のひとつ。近隣の人を大勢集めて2〜3日がかりで取り組んだ田植えの際も、「赤飯」(P135参照)やごままんまが振るまわれた。田植えの際は女性たちは大勢の人たちに供するための「人寄せ料理」を手がけるため、前日から寝ずに厨房に立ったという。

【材料】 4人分

コメ …… 300g
煎りゴマ(黒) …… 20g
昆布 …… 3g
A　酒 …… 大さじ1弱
　　塩 …… 2g
水 …… 適量(作り方③参照)
濃口醤油 …… 小さじ2

【つくり方】

❶ コメを水で洗い、30分間浸水する。
❷ すり鉢で煎りゴマを粗めにする(歯にあたらない程度)。
❸ 炊飯器に①、A、水(コメ300g分よりやや少ない量)を加え、混ぜる。②、昆布を加え、炊く。
❹ 炊き上がったら昆布をとり出す。香りづけに濃口醤油をまわし入れ、混ぜる。

赤飯

田植え、盆、祭りなど、人が集まる際に供された「人寄せ料理」のひとつ。小豆の煮汁と砂糖を加えるのが津軽流。砂糖が貴重だった時代、もてなしの気持ちを甘い味つけに込めていたという。

【 材料 】 10 人分

モチゴメ ……750g

小豆 …… 50g

砂糖 …… 100g

塩 …… 4.5g

小豆の煮汁 …… 100 ～ 300mℓ

【 つくり方 】

❶ ボウルに水を張り、小豆を 6 ～ 8 時間浸水する。

❷ 鍋に①、水（ひたひたの量／分量外）を合わせ、中火で加熱する。沸騰したら弱火で煮て、豆を指でつぶせる程度までやわらかくする（途中でアクをとり除きつつ、差し水をしてひたひたの水量を保つ）。

❸ ②を小豆と煮汁に分ける。

❹ モチゴメを水で洗い、6 時間浸水する。蒸しはじめる 1 時間ほど前にザルにとり、水気をきる。

❺ 湯気が立った蒸し器に水で濡らした蒸し布を敷き、その上に④を広げ、様子を見ながら 40 分間蒸す。

❻ モチゴメの芯がなくなったらボウルに移す。砂糖、塩を加えて混ぜ、さらに③の煮汁（適量）を加えて混ぜ、ほどよい硬さに調整する（煮汁だけで足りない場合は水を加える）とともにモチゴメに色をつける。

❼ ⑥に③の小豆を加え、豆をつぶさないように混ぜる。

❽ 湯気が立った蒸し器に水で濡らした蒸し布を敷き、その上に⑦を広げて 10 分間蒸す。

雲平

津軽地方の正月や結婚式などの慶事に欠かせない祝菓子。ここではすりゴマ（黒）を使っているが、赤ジソで色づけして紅白に仕立てることもある。

【材料】 20個分

白ダネ

雲平粉※1 …… 175g

砂糖 …… 230g

水 …… 105mℓ

黒ダネ

雲平粉 …… 75g

煎りゴマ（黒）…… 15g

砂糖 …… 95g

水 …… 45mℓ

※1 モチゴメを煎ってから製粉したもの。上早粉

【つくり方】

白ダネ

❶ ボウルに砂糖、水を合わせ、ざっとかき混ぜる（砂糖のジャリ感を残す）。

❷ バットに雲平粉を「山」の形に入れ、頂点にくぼみをつくる。くぼみに①を流し入れて混ぜ合わせ、砂糖が溶けて若干の透明感が出るまでこねる。ボール状にまとめる。

黒ダネ

❶ ボウルに砂糖、水を合わせ、ざっとかき混ぜる（砂糖のジャリ感を残す）。

❷ すり鉢で煎りゴマをする。

❸ 別のボウルに雲平粉、②を合わせ、まんべんなく混ぜる。

❹ バットに③を「山」の形に入れ、頂点にくぼみをつくる。くぼみに①を流し入れて混ぜ合わせ、砂糖が溶けて若干の透明感が出るまでこねる。ボール状にまとめる。

仕上げ

❶ 白ダネを手で押しつぶして円形にする。麺棒で厚さ1cmの長円形に延ばす。

❷ 黒ダネを①と同様に長円形に延ばす（厚さは1cmより薄くてよい）。

❸ ②に①をのせ（空気が入らないようにする）、黒ダネが外側になるように巻く。ラップ紙で包んで形を整え、5～6時間おく。

❹ 断面がきれいに見えるように厚さ1cmに切る。

いなりずし

津軽では「いなりずし」は赤くて甘い食べもの。酢飯のピンク色は紅ショウガをきざんで混ぜ込んでいるから。砂糖をふんだんに使うため、味つけはかなり甘い。祝儀全般、運動会や花見などの弁当にも、この赤くて甘いいなりずしは欠かせない。

【材料】 24個分

油揚げの下準備

油揚げ（13cm×13cm）…… 6枚

A
- ザラメ糖 …… 60g
- 濃口醤油 …… 大さじ4
- 水 …… 400mℓ

すし飯

コメ …… 600g

モチゴメ …… 150g

水 …… 870mℓ

昆布 …… 3g

砂糖 …… 150g

塩 …… 小さじ1/4

五倍酢 …… 20mℓ※1

紅ショウガ（みじん切り）…… 80g

※1　酢100mℓで代用できる

【つくり方】

油揚げの下準備

❶ 油揚げの上から菜箸を軽く押しつけながら転がす（麺棒で生地をのばすように。こうすることで袋状にしやすくなる）。十文字に切り、4等分する。

❷ 鍋に湯を沸かし、①を10分間ゆでて油抜きをする。

❸ 別の鍋にAを合わせ、混ぜながら弱火で加熱してザラメ糖を溶かす。

❹ ③に②を入れて落とし蓋をし、汁気がなくなるまで弱火で煮る。

❺ ④を常温で一晩おく。

すし飯

❶ ボウルにコメ、モチゴメを合わせ、水で洗う。30分間浸水する。

❷ 炊飯器に①、水、昆布を入れ、硬めに炊く。

❸ すし桶に②（昆布はとり出す）を広げて熱いうちに砂糖を加え、切り混ぜて砂糖を溶かす。続けて塩を加えて切り混ぜ、五倍酢を加えて切り混ぜ、紅ショウガを加えて切り混ぜる。

仕上げ

❶ 下準備した油揚げの汁気をきり、すし飯を詰める。

イガメンチ

家庭の日常料理。イカを刺身にしたときに残るゲソを叩き、きざんだ野菜と一緒に小麦粉でまとめて揚げたのがはじまりとされている。揚げずに、油を熱したフライパンで焼く家庭もある。細かくきざんだキャベツを入れてもおいしい。

【材料】 約30個分

イカ（胴、ゲソ）…… 500g
ニンジン（みじん切り）…… 115g
タマネギ（みじん切り）…… 115g
卵 …… 1個
小麦粉 …… 大さじ5
片栗粉 …… 大さじ3
酒 …… 大さじ1
塩 …… 5g
コショウ …… 少量

【つくり方】

❶ イカを細かくきざんだ後、包丁で叩いてミンチ状にする。

❷ ボウルに①とそのほかのすべての材料を合わせ、混ぜ合わせる。

❸ ②を食べやすい大きさにスプーンですくい、170～180℃の油で揚げる。

ばっけ味噌おにぎり

「ばっけ味噌」（P34参照）の使い方のひとつ。おにぎりの具材としては、ダイコン、キュウリ、ナスなどの味噌漬けとの相性がよい。とくに、ダイコン、ニンジン、ゴボウ、塩蔵のキュウリを塩抜きしたものなどを細かくきざんでシソの実とともに味噌漬けにした「とう漬け」との相性は抜群。

【材料】 4人分

白飯 …… 2合分

ばっけ味噌※1 …… 20g

※1　P34参照。

【つくり方】

❶ 白飯を4等分し、おにぎりをつくる。

❷ 魚焼きグリルで①を表面が乾くまで両面焼く。

❸ ②の片面にばっけ味噌をのせる。

豆腐団子

日常のおやつ。豆腐とモチ粉を合わせて、豆腐の水分だけでこねて団子にする。豆腐を使ったのは、手軽に団子がつくれることとたんぱく質を摂取できるから。

【材料】 4人分

豆腐団子

木綿豆腐 …… 100g

モチ粉※1 …… 70g

タレ

A
- 砂糖 …… 大さじ4
- 濃口醤油 …… 大さじ1
- 水 …… 大さじ3

水溶き片栗粉

- 片栗粉 …… 小さじ1
- 水 …… 小さじ2

※1　白玉粉で代用できる

【つくり方】

豆腐団子

❶ ボウルに豆腐、モチ粉を合わせ、餅状になるまでこねる。

❷ ①を10gずつに分け、団子状に丸める。

❸ 鍋に湯を沸かし、②を約5分間ゆでる。浮いてきたら冷水に放す。ザルにとり、水気をきる。

タレ

❶ 鍋にAを合わせ、中火で加熱して砂糖を溶かす。沸騰したら火を止める。

❷ ①に水溶き片栗粉を加えて混ぜ、再び火をつけて透明感が出るまで木ベラで手早くよく混ぜる。火を止める。

仕上げ

❶ 器に豆腐団子を盛り、タレをかける。

あぶらげもち

日常のおやつ。かつては水で浸したコメをすりつぶして冷やご飯と混ぜてつくったが、いまは冷やご飯に小麦粉を加えて手軽につくることが多い。

【材料】 4人分

白飯 …… 300g
小麦粉 …… 100g
水 …… 100mℓ
煎りゴマ（黒）…… 20g
A 砂糖 …… 100g
A 塩 …… 小さじ1
サラダ油 …… 適量

【つくり方】

❶ ボウルに白飯、Aを合わせ、混ぜる。
❷ 別のボウルに小麦粉、水を合わせ、ダマがなくなるまで混ぜる。
❸ ②に①、煎りゴマを加え、さらに混ぜる。
❹ フライパンにサラダ油を熱し、③を流し入れて蓋をし、焼き色がつくまで弱火で焼く。表裏を返して同様に焼く。

かやき味噌

「貝焼き味噌」が訛ってこの名で呼ばれる。直径20㎝にもなる5～10年物の天然ホタテの貝殻を鍋代わりに使う。鶏卵が貴重だった昔は栄養をつけるために病人や妊産婦だけが口にできる料理だったという。

【材料】 2～3人分

卵（溶きほぐす）…… 2個

煮干し …… 2～3本

ネギ（斜め切り）…… 10㎝分

味噌 …… 20g

水 …… 100㎖

ホタテの貝殻（大）…… 1枚

【つくり方】

❶ 煮干しの頭とワタをとり除き、ホタテの貝殻に入れる。水を注ぎ、4～5分間おく。

❷ ①を弱火で加熱して沸騰させる。

❸ ②に味噌を溶き入れ、ネギを加える。再び沸騰したら卵をまわし入れてゆっくり混ぜ、半熟に仕上げる。

津軽伝承料理

発酵、うまみ、プラントベースを駆使した食の知恵

初版発行　2021年 7 月30日
６版発行　2023年 4 月20日

著者©　津軽あかつきの会
発行人　丸山兼一
発行所　株式会社柴田書店
〒113-8477
東京都文京区湯島 3-26-9　イヤサカビル
https://www.shibatashoten.co.jp
営業部（注文・問合せ）：03-5816-8282
書籍編集部：03-5816-8260

印刷・製本　シナノ書籍印刷株式会社

編集　小林淳一（コバヤシライス）
齋藤立夫（柴田書店）
撮影　船橋陽馬
デザイン　根本真路

協力　青森県観光企画課
編集協力　永井温子

本書収録内容の転載、複写（コピー）、
引用、データ配信などの行為は固く禁じます。
乱丁、落丁はお取り替えいたします。

ISBN 978-4-388-06339-0

Printed in Japan
©The Tsugaru Akatsuki Club, 2021
Shibata Publishing Co.,Ltd
Iyasaka Building, 3-26-9,
Yushima Bunkyo-ku 113-8477 Tokyo
TEL ＋81(3) 5816 8282
URL http://www.shibatashoten.co.jp